教师成长必读系列

丛书主编
刘春琼 刘 建

· What Every Teacher Should Know About ·

(FIFTH EDITION)

Your First Year of Teaching: Guideline for Success

RICHARD D.KELLOUGH

教学第一年生存指南

第五版

[美] 理查德·D.克罗夫 / 著

许立新 贡 琪 / 译

许立新 / 校

上海教育出版社
SHANGHAI EDUCATIONAL PUBLISHING HOUSE

总　序

General Preface

"教师成长必读系列"(What Every Teacher Should Know About)是世界著名的培生教育出版公司(Pearson Education Inc.)在2000—2012年推出的系列著作。丛书共计12本,是针对中小学教师专业成长以及教师教育类专业师范生的专门读物,其中超过半数的图书已经多次再版,受到各方好评,在美国大、中、小学都有很大影响。丛书涉及教育心理学、教育管理学、教育技术学等多个学科,以实践为导向,理论联系实际,将各学科最新理论进展与中小学教育实践进行很好的整合。它的出版对丰富教师教育知识体系,拓展理论研究空间,提升教育实践水平具有重要价值与意义。同样,丛书对推进我国教师教育理论研究,促进中小学教师专业发展,提升师范生的综合素养也具有重要启示与借鉴意义。因此,编者将其引入国内,作为我国师范生培养的辅助性教材以及中小学教师专业发展的参考读物。

本丛书既涉及教育管理、教育测量等理论性较强的专业性领域,也涉及教师职业化、教师职业规划等发展性主题,很好地体现出教师专业发展知识基础的基本构成。第一批引进的六本书分别是《课堂管理的第一本书》(第三版)(Teacher-Tested Classroom Management Strategies, Third Edition)、《教学第一年生存指南》(第五版)(Your First Year of

Teaching: Guidelines for Success, Fifth Edition)、《教师的专业素养》(第三版)(Professionalism in Teaching, Third Edition)、《教育评估》(Educational Assessment)、《行动研究》(Action Research)和《课堂管理》(Classroom Management)(基于篇幅考虑,我们将后三本集为一本翻译出版,书名为《教育评估、行动研究与课堂管理》)。六本书的基本情况简介如下:

《课堂管理的第一本书》(第三版)的作者为布洛瑟姆·S.尼斯曼(Blossom S. Nissman)。她曾任美国长滩岛联合学校行政主管,具有多年中小学从教、咨询与顾问经验。这本著作是她关于具体课堂管理问题的教学经验总结,书中提供了一百多条课堂管理策略和方法。本书的最大特色是基于实践倾向而非理论倾向。这部著作曾多次再版,为她赢得了良好声誉。

《教学第一年生存指南》(第五版)的作者理查德·D.克罗夫(Richard D. Kellough)是美国著名的教育学教授,目前在加利福尼亚州立大学教育学院工作,教授儿童文学、阅读以及语言艺术等课程,同时也是教师教育系和教师教育中心主任。她以文学教育以及教师教育语言艺术研究见长,其著作《美国名人录》(Who's Who in America)获得太平洋地区高校年度成就奖,她本人也因出色的教育工作以及社团和社会服务工作而获得加利福尼亚州立大学杰出成就奖。本书以指南的形式向从教第一年的教师重点阐释成功工作的要点与要求,从教第一年的新手教师可以从这本书中获得各方面的帮助和指导。

《教师的专业素养》(第三版)的第一作者贝丝·赫斯特(Beth Hurst)是美国西南密苏里州立大学教师教育学院教授,主要教授阅读教育方面的研究生课程,曾是教师任职、退休和提升委员会(Teacher Education Reappointment, Tenure, and Promotion Committee)主席,因在教师教育方面贡献突出,于2004年获得美国国家大学教育突出贡献奖。这本著作突出了教学中的职业化取向,对具体教学实践有切实的指导作用。在书中,许多在职教师现身说法,这使教师教育专业学生易于读懂,在职教师乐于亲近。

《教育评估》的作者 W.詹姆斯·波帕姆(W. James Popham)是美国加州大学洛杉矶分校教育与信息研究生院的著名教授。他曾经接受学科课程方面的教育,之后转向教育测量研究,并在该领域取得卓越成就。鉴于其受教育经历,他的教育测量研究与具体教学实践密切相关。其著作《测验的真相》(*The Truth about Testing: An Educator's Call to Action*)(2001)以及《以测试促进教学》(*Test Better, Teach Better*)一度引起广泛关注,获得认可。《教育评估》一书是他专门为广大教师撰写的一本通识教材,简洁明快,一目了然,非常适合一线教师与初学教学测量的教师和学生阅读。

《行动研究》的作者安德鲁·P.约翰逊(Andrew P. Johnson)是美国明尼苏达州立大学教育系教授。他在天才教育和整合教育方面作出了卓越贡献,尤其以情绪智力培养和行动研究见长,其主持的行动研究工作获得广泛认可。在此之前,他曾经在公立中学做过 9 年教师。其著作《行动研究导论》(*A Short Guide to Action Research*)影响很大,中译本已经由台湾五南图书出版股份有限公司出版,而《行动研究》是他为中小学教师写的一本简读本,以简明扼要的形式陈述行动研究的过程和方法,可以作为中小学教师行动研究的工具书。

《课堂管理》的作者詹姆斯·莱文(James Levin)在科学教育和数学教育方面具有 30 多年的研究经验,并有 10 年的中学从教经验。在近 20 年的时间里,他专门从事教师教育与课堂管理研究。他曾担任多所中学的顾问,目前为宾夕法尼亚州立大学教育研究生院导师,曾获得爱泊丽科学学院校友会杰出贡献奖(2002 年)。他与詹姆斯·F.诺兰(James F. Nolan)合著的《课堂管理的原则》(*Principles of Classroom Management*)再版 9 次。在《课堂管理》一书中,作者简明扼要地向读者呈现了课堂管理的基本原则，以及基于这些原则的管理要求，具有很强的指导性与操作性。

  本丛书的最大特色在于基于专业理论，注重专业理论知识的通识性表达，直面教育实践，操作性强，聚焦现实问题，内容短小精悍。丛书的各位作者均为著名的专家和教授，都致力于将理论研究应用于中小学实践，这些都保证了丛书的理论前沿性和应用性。丛书作者大多有超过10年的中小学管理和教学经验，他们或者一边在大学教书，一边作为顾问服务于中小学教育实践，或者在长期从事中小学教育工作后进入大学从事专门研究。这些著作直面实践，把"让读者看懂，看懂后马上能照着做"作为第一要求。同时，行文浅显易懂，操作性强，直接将教师在实践中遇到的问题作为章节内容的核心。丛书短小精悍，内容精练，注重实用，以把问题讲清楚作为主要目标，以好用、易行为主要原则。培生教育公司邀请美国国内在相关领域具有专长的著名专家教授编写这套丛书，其宗旨就是基于短小精悍、面向实践的理念，向读者提供关于该领域的核心知识和实践技能。因此，无论是在校师范生，还是在职教师，都可以从这套丛书中获得教师教育的基础理论知识，习得相关实践能力。

  本丛书由南京师范大学教师教育学院的部分教师负责翻译，刘建、许立新、王加强、赵家荣等译者英语功底深厚，态度认真负责，保证了这套丛书的质量。刘春琼与刘建为丛书的主编，负责著作的遴选、编校，翻译人员的确定，翻译工作的管理以及出版工作的协调等。刘春琼与赵家荣负责丛书的校对工作。丛书的出版得到了诸多领导、专家与学者的帮助，南京师范大学教师教育学院杨作东院长、周晓静副院长，南京师范大学泰州学院郭宁生书记，南京师范大学教师教育学院李学农教授、杨跃教授等领导与专家都对丛书的翻译与出版工作给予了指导与帮助。上海教育出版社谢冬华副编审、周晟副编审为本丛书的图书选定与出版提供了非常宝贵的建议。在此一并致谢!

近年来,随着人们对优质教育资源的需求越来越多,教师专业发展成为人们普遍关注的话题。如何让学校教师快速成长,掌握精深的教育理论知识与娴熟的教育教学技能,从而提升学校教育教学质量,是学校领导最为关心的问题。同时,我国高校教师教育改革与发展如火如荼,如何培养素质全面的师范生,使他们在校期间能够熟练掌握中小学教育教学技能,快速投入到入职后的教育教学工作之中,也是高校教师教育者一直在思考的问题。因此,无论是中小学一线教师,还是高校教师教育类专业的师范生,都需要拥有一些符合实际、切实可行的专业丛书。本丛书基于专业理论,直面教育实践,聚焦现实问题,言简意赅,通俗易懂,能够在多个方面满足他们的不同需求。我们真心希望这套丛书能给他们带来帮助,促进他们的专业发展,提升他们的教育教学水平,从而为教育事业发展作出贡献。当然,鉴于我们的水平有限,在翻译过程中难免存在失误,敬请读者予以批评指正。

编　者

2017年冬于金陵随园

前　言

Foreword

我很清楚，世界上没有任何一个职业能像教师职业那样具有潜在和内在的奖赏性。然而，对公立学校的教师来说，教学的第一年或在新学校任教的第一年，有可能成为一个极其困难甚至是有些令人生畏的经历。

许多学校会为新教师提供新教师入职指导计划，如果你的学校没有提供这一计划，那么你得为自己争取权益，并构建一个人际支持网络。对一个未能获得任何支持的新教师来说，从教第一年将会面临巨大的压力。再加上低起薪、大班额、日益严重的经费危机等因素，仅仅几年，为数众多的教师因为对教师职业失去信心而离开教师岗位就不足为奇了。

通过为大多数新教师关注的话题提供实践指导，本书旨在为新教师提供一点帮助，避免大家受挫，产生沮丧情绪。我衷心地期望，本书能对你的第一年教学有所助益，让你的第一年教学产生内在的奖赏性，同时让你和学生获得学术上的成功。

你正在开启教师这一全新的职业生涯，在这一职业生涯中，反思和学习将成为一种永久的模式。对自己好一点，永远不要指望立刻就能掌握教学技巧。真正熟谙教学的人，不会说优质的教学易如反掌。成为一名优秀的教师需要长期、辛勤的付出，持之以恒和艰苦的劳动。成为一名真正合格的教师，是一个既充满挑战又令人激动的旅程。

也许，其中最重要的指导原则就是：重视你自己，珍惜你所做的一切。第一年教学充满高潮与低潮，还有一些日子不好也不坏。有时你会感到教学无比精彩，有时你也会沮丧到极点。你要让自己知道，何时自己干得不错，何时感觉低迷，而且要记得，一切总会好起来的。不要忘记，即使在你感觉最糟糕的日子里，你依然是某个学生最美好的希望。

尽管本书呈现的指导原则大多不针对具体的年级和学科，一切均依具体的教学情境而定，但你个人可能会觉得一些指导原则比另外一些更具相关性。教学是一门艺术，同时也是一门科学。本书并不是为一切情境中的所有教师开具的一剂灵丹妙药。作为新教师教学第一年的一般性成功指南，本书的确展现了新近研究与当前实践的最优成果。如果你发现某个指导原则有悖于自己的兴趣，你可以参照本书第142—146页列出的参考文献与推荐阅读材料，获得更多与该主题相关的信息。

目录

Contents

- 001 **适应并认可学生的差异，与具体的学习者一起工作**
- 002 特殊需求学生
- 004 学生的多样性和差异性
- 007 应对并与不同背景学生一起工作的其他指导原则
- 008 学习缓慢但愿意努力的学生
- 009 叛逆学生

- 012 **赢得学生的信任：教师的态度与示范行为**

- 013 **超越教学：教师之所以是有趣的，是因为教师享有校外生活**
- 013 教学第一年：并非承担新的个人和社会义务与责任的最佳时机

- 014 **同事、管理人员和教辅人员：你的专业网络圈**
- 014 指导教师：不止一位有时也不错
- 014 成为专业人员中的专家
- 015 忌妒的同事
- 015 学校职员应成为你的支持网络圈中有价值的成员
- 016 分享共同的目标

016　每当感觉需要帮助时，就直接寻求帮助——不必等待太久

017　课程：至关重要的问题
017　教学时兼顾儿童需要与课程内容标准：两者相互冲突吗？
017　学科整合：更像真实的生活
020　合作学习：在尚未体验到其益处之前，不要放弃
022　小组成绩评定：不建议使用
023　具有争议的内容与问题：不可避免
026　必须保护儿童免受教条的影响，必须赋予儿童学习、确立个人价值观和意见的自由

027　决策与控制源：教学的确是有趣的，且具有内在奖赏性
027　处理策略：避免孤独感
028　决策与教学
028　这可能是你的第一份工作，工作中你不断地反思每一个教学行为
029　在教授规定课程甚至限定课程时，保持创造力与个性

031　个性化教学：确保不让任何一个儿童掉队
031　个性化教学精选策略

033　纪律：许多新教师关心的头等大事是课堂会不会失去控制
033　学年之初开好头：充分的准备有助于树立信心，确保成功
034　防止一艘船下沉比拯救一艘下沉的船要简单得多：要避免的错误
046　帮助学生发展自觉性

047 课堂中的平等：建立心理保障机制和有利的学习环境
- 047 违反性别平等的教师行为举例
- 048 确保公平

051 实地考察：计划带来成功
- 051 实地考察前
- 054 实地考察中
- 054 实地考察后

055 开学第一天：留下美好第一印象的唯一机会
- 055 穿着得体，注重职业感
- 055 与学生打招呼
- 056 初始的活动
- 056 学生座位
- 056 关于课堂或课程的信息
- 060 例行程序和认可的行为
- 061 强调好的行为和态度
- 061 学生一开始需要知道什么
- 062 让学生注意到你时刻关注他们并愿意提供帮助的信号
- 063 进入和离开教室
- 063 维护、获取与使用相关物品
- 063 等待是必要的
- 064 因为个人原因离开教室
- 064 应对访客和宣布公告
- 064 上课迟到或早退
- 065 对不当行为的惩罚
- 066 第一次家庭作业

067 **嘉宾演讲：使之成为成功的学习经历**

068 **精力旺盛的日子和常规的打破：学生也是人**

070 **关键性测试：不让任何一个学生掉队**
070 让你的课堂与众不同：调适时间、教学法和分组等关键变量

071 **互联网：可以提高教与学的质量的宝贵资源**

073 **工作满意度：双向车道**

074 **弥补工作：坚定，但也要理解**
074 家庭作业
074 迟交作业和弥补的机会
075 考试和测验
076 未经宣布而进行的测验

077 **教学媒介：如果感觉某事可能会出问题，那么它就会出问题**
077 准备第二套方案

079 **熟记：有时是必要的**

081 **激发性观点：建构你的教学技能**
081 视觉和表演艺术
083 家庭和消费经济学、食品、纺织品
085 英语、语言和语言艺术
088 数学
089 体育
090 自然科学

093　社会科/历史

099　书面作业：如何避免埋在成堆的学生作业里
100　运用同伴检查应注意的事项

101　家长或监护人的联系和参与：不要忽视任何一个家长或监护人
101　价值观差异：避免盲目论断
102　家长会和学校开放日
103　会议
104　应对愤怒的家长或监护人

105　学校政治：最好远离是非
105　加入一个专业组织

106　保护学生和你自己：责任、安全与安保事务
106　学生的权利
106　教师的责任和保险
107　虐待儿童
108　急救及药物

109　记录：规划是通往成功之路
109　记录的保存
109　最坏的梦魇

111　可靠性：好教师是可靠之人

112　工资：不是很高，但比较稳定

113　幽默感，智慧的行为：请一直微笑

114　学生成就：考核、等级鉴定和成绩报告的重要性与责任

114　评估学生学习的途径

115　评估学生的所说和所做

115　评估学生的所写或所画

116　先思后写：区分专业教师与非专业教师的标准，就是看其能否超越单纯的行为描述

117　学生日志和评估

117　学生作品档案与评估

117　评分阶段避免草率

118　报告卡

119　学生的学习：如果学生不按我们教的方式学习，那么我们就必须顺应他们学的方式

121　风险学生：整合学生的学习方式十分必要

121　学习风格绝非智力指标，而是个体如何学习的表征

123　学习周期

124　学习能力

126　学科知识：做信息泉眼还是教育中介？

126　教学领域外的教学任务

128　教学资源和课本：不够理想，有时甚至是远远不足

128　你想要什么生日礼物

129　学生课本

132　可教时刻：注意识别，把握机遇，充分利用这个时刻

133　慎入教师休息室

134 **以饱满的热情拥抱整个学校**

134 学生活动:除课堂学习活动外,还有很多课外活动

135 **课堂间的过渡:一个难以掌握的技巧**

137 **你工作的地方:当为之骄傲**

139 **校长来听的第一堂课**

140 **你的专业档案袋与个人工作记录**

141 **后记**

142 **参考文献与推荐阅读材料**

适应并认可学生的差异，
与具体的学习者一起工作

你或许已经意识到，学生的个体差异要求你运用某种教学策略，以适应这些差异。若想做好这一点，你应对专栏1中的四个问题给予肯定回答。

> **专栏1 教师用于反思规划和应对学生差异的四大问题**
>
> - 我是否创设了这样的课堂教学氛围，在这一教学氛围中，所有的学生都受到欢迎，所有的学生都参与学习，并得到了我的支持？
> - 我是否使用了鼓励合作学习和社会互动学习的教学技能？
> - 我是否依据学生的个体经验、认知概念、学习风格、学习能力和学习方式等因素开展教学？
> - 我是否采用了在应对学生个体差异方面被证明行之有效的教学技能？

构建上述四个领域或由这四个问题表征的四个方面的教学技能的重要性，在现在看来是显而易见的。实际上，它是（或本该是）教师教育的全部过程，始于职业教师教育，并将在你的教师职业生涯中持续下去。后续具体的指导原则将为你提供有益的提醒。对于上述四个问题，如有任何一个你尚不清楚，你不必拘泥于本书，可自行对某一主题进行深入的探究。若要获得更多帮助，可参阅本书"参考文献与推荐阅读材料"部分。

特殊需求学生

　　特殊需求学生(亦称"残障学生")包括那些处于残疾状态或遭受下列某个或多个方面损伤的学生：精神障碍、听力、言语或语言问题、视力、情感问题、骨科病、自闭症、大脑外伤以及其他身体损伤或学习障碍。若要获得特殊教育服务，儿童必须至少存在上述一项或多项残障，而且因为残障，儿童需要特殊教育及相关服务。换言之，并非所有残障儿童都需要特殊教育提供的服务。例如，一名听力严重受损的儿童有资格享受特殊教育服务，因为其听力损伤如此严重，以致即使是在配有助听器的情况下，仍不能听清别人的话。

　　以下段落所表征的指导原则对教授所有学生都是重要的，但对那些特殊需求学生尤其重要。

- 调整和调适教学材料与教学程序，以适应每个学生的特殊需求。例如，对一个不能安稳地坐上几分钟的学生，有必要对其学习活动做出有计划的改变。在对教室内学生座位的安排上，应根据学生的特殊需求优先考虑。尽量将那些会引起视觉、听觉、触觉和运动等学习方式的学习活动纳入课堂教学之中。教师的课堂教学程序应灵活多变。例如，当学生遇到书面语言问题时，应允许使用录音机录音，替代笔记和书面考试。
- 发挥你的洞察力(withitness)，监控学生躁动、沮丧、焦虑等情绪和注意力分散等行为。在条件许可的情况下，时刻准备着为不同的学生重新安排不同的学习活动。
- 要熟悉每位学生的特殊需求类型。可私下询问特殊需求学生有没有愿意让你知道的任何信息，为帮助他们学习，你可以具体为他们做些什么。

- 每周或其他时间段内,让所有的学生都有作业可做,这些作业应存放于作业簿或存放作业簿的文件夹中。将学生的作业张贴在教室的特殊位置(或者公布于学习网站上),经常提醒学生必须完成的作业以及提交作业的最后期限。

- 持久保持你对学生期望与反应的一致性。当特殊需求学生不能理解教师对他们的期望,无法获得教师的反馈时,特别容易受挫。

- 规划有趣的教学活动,在学习与活动之间架起一座桥梁,因为这些活动有助于将学生学到的知识与真实的生活经验结合起来。

- 为学生的成功提供机会,为成功而教。为每一位学生提供确保他们成功和掌握一定知识的活动和经验。学生成长档案袋的运用可为其成功提供证据,并有助于学生建立自信心与自尊感。

- 为学生学习的有效组织提供帮助。例如,可教会学生有效组织笔记,整理笔记本。让学生准备好课堂所用的三孔文件夹(three-hole-punch)。这样,学生就可将各种文档及时存入笔记本中,以避免文件管理混乱或文件丢失。学生做课堂汇报展示(presentations)时,投影仪与投影胶片可一并使用。那些需要更多学习时间的学生可以将投影胶片上的内容拷贝下来。可要求学生在小组中将自己的笔记大声朗读给同伴听,这样做有助于促进学生的记忆与理解。鼓励并提供同伴支持、同伴辅导和混龄教学(cross-age teaching)的机会。最大限度地确保特殊需求学生参与班级的一切活动。

- 以界定学生行为的方式确立学习目标,为学生提供高级学习框架和清晰的期望。教给学生正确的步骤。将复杂的学习分解为更加简单的要素,从具体到抽象,而非相反。经常检查学生对教学与教学程序的理解情况,同时检查学生对教学内容的理解情况。在反复操练时,运用计算机和自我纠错材料,利用计算机技术为学生提供建设性、迅捷而私密的反馈。
- 提供支架式教学,即在时间允许的条件下,尽可能为每一个学生提供有教师指导或辅助的练习。课堂上,为学生完成作业或项目预留时间。此时,在检查学生错误概念的同时,教师可监控每个学生的作业,这样可确保学生在正确的道路上前行。

学生的多样性和差异性

你必须迅速地判断教室里的学生所代表的语言和民族群体。新移民以及其他一些民族群体面临的一个主要问题是学习第二(或第三、第四)语言。尽管在许多学校,超过半数的学生通常来自母语为非英语的家庭,但在美国大多数社区,如果一个人想要获得职业成功,享受完善的生活,就必须能说一口标准的英语。移民儿童学会自如地用英语交流,需要一年甚至更长的时间,学会运用学术英语则需3—7年。一般情况下,美国公立学校教师中,英语语言学习教师(teachers of English language learning)的比例日渐增多。尊重学生的文化背景、长期的师生关系(例如那些循环制教学中的师生关系)、自主学习与合作学习的运用等,都被证明是有助于英语学习者获得成功的重要因素。

为英语语言学习者特别设计的教学项目名目繁多,使用最多的是以 limited English proficiency(英语熟练程度有限)的英文首字母命名的 LEP,它有 5 个级别。最低级别 LEP1 适用于英语口语零基础者(尽管他们也许能理解简单的句子,能说简单的单词或短语)。最高级 LEP5 有时也称 FEP(fluent English proficiency,英语流利),是为英语完全熟练者设计的,尽管他们的整体学术成绩因语言或文化差异而比期望的要低。

一些学校采取"连根拔"的方法,即这类学生部分时间进入特殊的双语课堂学习,其余时间则在正常的课堂中学习。在另一些学校,LEP学习者(英语熟练程度有限的学习者)被安排在学术课堂中学习,但在课堂上,教师采取简化的或"辅助的"("sheltered")英语语言进行教学。在那些践行《不让一个儿童掉队法案》的学校(它们接受联邦政府的经费资助),英语语言学习者(ELLs)必须在阅读和数学两科达到逐年进步(AYP)的熟练要求,同时在英语语言熟练程度上达到年度测试成就目标(AMAOs)的要求。

不论教育项目及其资金来源如何,在教授英语语言学习者的具体教学技能方面,我的建议是:

- 帮助儿童有效应对由于"语言震荡"(language shock)而引起的焦虑,因为他们不能听懂或理解新国家的语言。
- 分配比通常更多的时间开展学习活动。
- 留出课堂助理或学生进行翻译的时间,并留出解释、对话的时间,鼓励学生将他们可用母语表达的一切知识用英语表达出来。
- 尽量避免使用可能导致误解的特殊用语或习语(jargon or idioms)。
- 基于学生的经验和已有的知识开展教学。
- 将复杂、冗长的教学语言分解为更小、更易掌控的语言单元。
- 鼓励学生写作,例如鼓励学生写日记、博客等。(具体可参阅本书第84—85页"教学实例"部分。)
- 用多种方式发出教学指令。
- 特别注意那些承载意义的关键词,并将它们写在黑板上。
- 帮助学生学习英语词汇。可帮助英语学习者学习两类词汇:用于学习的常用英语词汇,以及学科内容所引入的新词汇。

例如,学生在学习科学时,他们同时要应对普通的英语词汇和特殊的科学词汇。

- 让学生家长、监护人或兄弟姐妹参与教育。与其他同学相比,母语为非英语的学生可能还存在其他差异,对此,你应了然于胸。这些差异与文化、习俗、家庭生活和教育期望相关。因此,若要获得教育教学上的成功,你应当尽可能多地了解每一位学生。新移民儿童的家长(或监护人)通常会真正关注子女的教育问题,他们可能会有兴趣并以一切可能的方式与你合作。
- 计划并运用一切学习模态(learning modalities),运用听觉、视觉、触觉、运动等学习方式。
- 开展具体的(而非抽象的)、包含最直接的学习经验的教学。
- 为学生的阅读经验提供支架,使其成为任何文体文本阅读前、阅读中和阅读后活动的一种框架。例如,阅读前预教词汇、预测结果,阅读中实施有教师指导的阅读、默读活动,阅读后进行表演和写作等。
- 朗读写作要求,并将写作要求写在书写板上。
- 减轻学生的认知负担,同时保持对每一位学习者的高期望值。
- 清晰而自然地表达,但语速可比正常语速慢一些。
- 尊重英语学习者及其家庭和社区,尊重他们的母语和文化,不可做出否定的判断。
- 多举例子,运用可观察的示例。
- 使用简洁的语言,同时不轻视学生。
- 运用小组合作学习。对英语语言学习者来说,小组合作学习策略特别有效。因为小组合作学习策略为学生提供了用英语表达的机会,而且他们觉得,在小组合作学习环境中说英语比在全班同学面前说英语更安全。
- 利用现代技术的优势。例如,计算机网络可以让学生与世界各地的同龄人写信交流,而且也可以"发表"他们的课堂作业。

> **让新一代公民参与教育**
>
> 移民学生可能认为美国的民主概念难以把握。学校如何才能让来自不同语言、种族、民族,具有复杂个人史的学生在追逐个人梦想与成就的同时理解美国民主传统的重要性呢?
>
> 答案是让学习成为以学生为中心的学习、基于活动和项目的学习。应允许移民学生用英语和母语交流,以小组合作的方式创作戏剧,共同完成一件艺术作品,或尝试建构一个数学概念(hash out a mathematical concept)。
>
> 瑞克·艾伦(Rick Allen,2003)

应对并与不同背景学生一起工作的其他指导原则

若要自如地应对和教授来自不同背景的学生,你应当相信,若给予足够的支持,所有的学生都能够学习,无论其性别、社会阶层、生理特点、语言、宗教、民族或文化背景如何。为此,你需要培养以下原则中包含的特殊技能。

- 根据学习者个体的学习风格促进其学习。尽可能地将每个学生的学习个体化,就如同应对特殊需求学习者采取个体化教育计划那样。
- 确立并保持对每一位学生的高期望值,尽管这些期望值并不必然完全相同。你和学生均应知道,智力并不是一成不变的实体,而只是一系列性格特征,一种"我能"的自我感觉;辅之以适当的指导,智力可得到发展。

- 在教学中采用多种策略达成教学目标,或同时设立多个不同的目标(如分层教学)。
- 运用注重合作式学习、淡化竞争式学习的教学技术。

学习缓慢但愿意努力的学生

学习缓慢的学生通常可分为两类:(1)学习努力的学生,只是需要更多的时间来学习;(2)不愿意努力学习的学生,也被称为"学困生""叛逆学生"或"不用功学生"。在实践中,对某一类学生奏效的办法对另一类学生不一定有效。假如一名教师拥有28名学生,如果一半学生努力而另一半学生不努力,那这名教师的日子也不会好过。而假如一名教师哪怕只有25名左右的学生,如果一些学生学习努力但需要更多的时间,一两名学生无论什么情况下都会发奋学习,两三名学生是特殊需求学生,但他们的需求各不相同,另有一些为英语熟练程度有限者,还有几名学生不仅看上去不愿努力学习,而且还在课堂上捣乱,那么对这名教师来说,情况就糟透了。顺便说一下,最后的例子可能与当下美国公立学校中大多数教师面临的情况非常接近。

> 学习缓慢者并不一定没有其他学生聪明,只是由于各种原因,这些学生学习时要比别人花更多时间。

在帮助那些学习缓慢但愿意努力的学生时,以下指导原则或许有所助益:

- 让自己的教学与学生偏好的学习风格相匹配,因为学生的学习风格与作为教师的你或小组中其他学生的学习风格不同。
- 不应过多关注教学容量,而应关注学生对所教内容的理解情况。为掌握而教，尽管这可能与当前关注在重要考试中提高学生考分的重心相悖。

- 发现学生做得特别优异的某一方面或某一兴趣，试图将之与学生的学习联系起来。

- 强调基本的沟通技能，如听、说、读、写，以确保学生的这些技能足以应付所学内容。

- 了解每一位学生，至少达到这一程度，即对其来自何地持有同情心。例如，许多来自极度贫困的内城社区的成年人认为，他们不抱任何能够改变自己未来生活的希望。因此，要竭尽全力地帮助他们认识教育在摆脱这一无助感方面所具有的巨大能量。

- 经常检查学生的理解情况，帮助学生逐步掌握学习内容。采用支架式教学法。

- 如有必要，帮助学生提高其阅读技能，如发音和词义理解水平。

- 如果你在使用单本教材，务必确保教材的阅读水平是适合学生的。如不适合，须将其换成更加适合的阅读材料。正是出于这种目的，许多教师在课堂上保留多本选用教材。

- 最大限度地利用课内任务型作业和合作学习，严密监控学生的进步情况。避免过多地依赖传统的课外作业，除非你在课堂上为学生提供相应的辅导。

- 采取多样化教学策略，运用多种活动让学生的视觉、口头表达、触觉和运动模式参与其中。

- 在合适的时间，经常采取正强化，其目的在于让学生建立自信心和自尊感。

叛逆学生

在应对叛逆学生时，你也可应用上述原则中的许多原则，但你应该知道，这类叛逆学生行为产生的原因可能与学习缓慢者学习缓慢的原因大不相同。那些愿意付诸努力但学习缓慢者之所以学习进度缓慢，或是因为学习风格，或是因为遗传基因，或是这两种因素兼而有之，或是由其他因素造成的。他们是能够而且愿意学习的，只是学习进展缓慢而已。相比之下，叛逆学生可能是一些反应迅速、天资聪慧的思考者，但他们不愿付诸努力。其原因或是失败的历史、厌倦学校的个人经历、对学术工作自信心不足、自我概念低下、严重的个人问题而造成的分心，或是由于上述各种因素的任意组合。在这些问题中，许多问题在本质上属于情感/心理范畴。

无论属于上述哪一种情形，一个被认定为学习缓慢者或叛逆者的学生，实际上可能在某个方面极具天赋才能，但由于个人原因，其上学出勤率、对学校作业的关注度、自信心和学习态度等越来越糟糕。将这些因素熟记于心，在应对叛逆学生时，你可考虑采用以下指导原则。

- 学年之初，尽可能多地了解每一名学生。不过要注意你了解学生的方式，因为许多学生对你之于他们的任何兴趣都会感到怀疑。要郑重其事、充满信任、真诚地感兴趣，拥有足够的耐心。另外还要注意，尽管你可以尽可能多地了解每一名学生，但过去发生的一切已经成为历史。不要将你了解到的信息作为射向学生的炮弹，而应将其化作有效开展工作、帮助学生的智慧。
- 避免给这类学生讲大道理，因为这对他们根本不起作用。
- 学期之初，最好在成人志愿者的帮助下，为每一名学生制订一个个性化教育方案。例如，让教师专业团队中的成员担任你的指导教师，这一方法有利于将学生的叛逆态度改变为满怀希望、勇于接受挑战和敢于追求成功的态度。
- 运用交互式媒体，例如因特网，让学生积极参与学习。

- 采用真实世界的问题解决之道或社区服务项目，帮助学生积极主动地参与学习（可参阅本书激发学习动机策略列表中的许多实例）。

- 不要总惦记着"教完学科内容"，而要关注学生将某些内容学透彻。为掌握而教，尽管这可能与当前关注在重要考试中提高学生考分的重心相悖。理想的步骤是采用主题教学，将主题分解成小块。由于这些学生的出勤率很低，你可以尝试为他们布置个人化的作业，便于他们从缺席的地方捡起来，即使是在缺勤较多的情况下，也能有序地完成整门课程。努力确保每一名学生都能获得某种程度的成功。

- 帮助学生培养研究与学习的技能，如注意、记忆和理解技能。例如，记忆术（mnemonics）是这类学生相对认可的一种方法。他们在构思自己的想法时，经常是迅捷而富有创造力的。

- 如果你正在使用单一教材，检查其阅读水平是否适合学生。如若不能，要为学生更换教材，选择其他更加适合的阅读材料。

- 保证学生在开学之初就理解你的课堂教学程序和规则，并始终遵循这些程序和规则。

- 最大限度地利用课内任务型作业和合作学习，密切监控学生的学习进展情况。不要过分依赖传统的课外作业，除非学生在离开教室之前得到了你的辅导与指导。

- 在课堂教学中，应运用简洁的语言。不应关注学生所用的词汇与使用词汇的方式，而应重视学生所表达的想法。让学生使用他们自己的习语而不应在语法和句法方面过分挑剔。不过，作为教师，你永远要注意以适当而专业的英语语言给学生做示范。

- 适当时，应用正强化策略，其目的在于增进学生的自我价值感。当然，在运用表扬强化时，教师的表扬不是指向学生个体，而是指向学生的行为。

赢得学生的信任：
教师的态度与示范行为

也许不需要任何人来告诉你，学生更喜欢积极、乐观、激励人心、教化育人、心情愉悦的教师，学生从这些教师那里学到的更多，而不是从那些消极、悲观、让人泄气、毫无个人爱好、牢骚满腹的教师那里。

此外，若要赢得学生的信任，教师的行为应成为教师所期待的学生行为的楷模。例如：

- 如果你希望学生定期、准时地上课，那么你应定期、准时地授课。
- 如果你希望学生按时完成作业，那么你也应当这样做，在阅读、评价、记录学生作业之后及时归还学生的作业。
- 如果你希望学生每天都带着学习材料来学习，那么你每天上课前也要精心做好准备。
- 如果你希望学生表现出合作行为，尊重他人，那么你也应该如此。
- 如果你希望学生保持开放、探究的思想，表现出批判性思维，运用合适的沟通技能，那么你也应当这样做。

超越教学：教师之所以是有趣的，是因为教师享有校外生活

作为教师，你应清楚地表现出你对学生活动、学校及周围社区许多方面的兴趣。而且，校外生活的广泛兴趣有助于你保持健康、活力和教学的激情。教师是因为拥有自己的兴趣爱好而有趣的。兴趣多样的教师能激发更多学生的学习动机，吸引更多学生的注意。除了学科和课堂之外，别无任何兴趣爱好的教师很可能成为一个索然无味且很快就会产生职业倦怠的教师。

教学第一年：并非承担新的个人和社会义务与责任的最佳时机

此外，由于工作极其忙碌，你的教学第一年可能不是你开启研究生学习或承担新的社会义务与责任的最佳时间。例如，若在教学第一年计划结婚或组建家庭，请务必三思。

同事、管理人员和教辅人员：
你的专业网络圈

建议在教师专业群体中至少结交一位好朋友。如果你是教学团队的一名成员，那么在该团队中，你至少要交结一位能够自由交谈的好朋友。

美国许多校区会为新教师配备指导教师，作为新教师入职教育项目第一年、有时是第二年的指导教师。指导教师可能是你任教学校的教师，也可能来自校外。指导教师的职责是定期观摩并指导新教师教学，为新教师提供专业支持。

指导教师：不止一位有时也不错

新教师拥有多位指导教师可谓益处多多。其中一名是你的正式指导教师，其他则是非正式的，甚至只是偶尔指导而已。例如，我觉得与另一名从教第一年的教师建立良好的友谊也挺不错。他/她不一定是你所在学校的某个人，而只是你能与之自由交流的某个人，一个你愿意与之分享相似经验和感受的人。在指导你理解学校政策、如何为特殊事件、学期末的要求做好准备等方面，学校管理者可为你提供帮助。教授相同学科、年级或类似学生群体的教师，可以成为特定课程与教学的极其有价值的资源。将你需要向教师专业团队求教的那些问题记录在一本小笔记本上，若想咨询，不要犹豫，大胆去问。

成为专业人员中的专家

由于具备某些特殊知识与技能，有时新教师在帮助资深教师学习新技能与策略时会倍感压力。需要帮助的请求均出自良好的意图,因为资深教师常常会忘记时代对新教师的苛刻要求。对想被接纳的新教师而言,有时他们很难拒绝这样的请求。我的建议是,为这样的请求做好准备,尽可能抽出时间帮忙,但注意不要让自己的弦绷得太紧,同时也不必害怕说"不"。作为专业人员,资深教师一定会理解你的。

忌妒的同事

忌妒的同事有时会排斥那些志存高远的教师,因为他们总是热情洋溢,富有创造力,积极乐观,思想新颖[详见本书末"参考文献与推荐阅读材料"部分伍德(Wood, J. M.)于2000年撰写的文章]。不幸的是,几年之后,很多情况下,这些富有创造力的教师纷纷离开了各自的学校,甚至放弃了教师职业。对此,你要有充分的准备。如果你对教学富有创见,充满热情,就可能招致忌妒,这种忌妒来自那些心灰意懒、鲜有成功、深感职业倦怠的同事。我的建议是,尽量忽略他们,将精力放在学生和工作上。尽可能将自己置于那些最积极、最具支持性的教师群体之中。

学校职员应成为你的支持网络圈中有价值的成员

学校中有两个重要人物:学科组长助理(the head custodian)和校长秘书。如有可能,将这两人纳入你的朋友网络圈之中。你当然也可鉴别并将学校中的其他人包括进来,如学校咖啡厅职员和学校安保人员等。

分享共同的目标

最好的学校和最好的教师为学生提供了一个建设性、积极的学习环境,对每一名学生的学习都展现出乐观的态度。对学生而言,没有什么比拥有一名笃信学生能力的教师更令人满意了。不幸的是,对某些学生来说,教师表现出的对学生的信心可能是学生所能接受到的唯一的积极信号。我们每个人都能心怀敬羡地回忆起这样一位教师(或重要他人),他/她总是对我们完成那些看上去非常困难的任务的能力充满信心。尽管这并不意味着你必须喜欢每一位学生,与他们接触,但这的确意味着将每位学生作为有尊严的个体而接纳,将学生视为值得你尊重、值得你传授专业技能、值得你为之付出最大努力的人。

每当感觉需要帮助时,就直接寻求帮助——不必等待太久

有时,新教师会问自己什么时候应该寻求帮助,如何寻求帮助,向谁寻求帮助。对于求助时机,我的答案是,当你感觉需要帮助时,直接求助,不必等待。至于求助方式,应当直截了当。而在求助对象上,没有必要总是向同一个人寻求帮助,应当结合具体问题,向合适的人选寻求帮助,这正是你需要一个专业朋友网络圈而不是一个朋友的原因。

课程：至关重要的问题

获取细枝末节的信息是最低水平的学习目标。对较高水平的思考与行动而言，对最有意义、持续时间最长的学习而言，研究结果支持：(1) 学科整合课程；(2) 让学习者参与社会互动式学习（以学生为中心）的教学方法。例如，小组合作学习、探究式学习、项目学习、同伴互助和混龄教学。

教学时兼顾儿童需要与课程内容标准：两者相互冲突吗？

许多新教师（也包括资深教师）的一个疑问是：如何运用更多以学生为中心的教学，而非以教师为中心的教学（例如讲授和背诵），同时能有效地教授规定课程或预期课程，以便学生的成就能达到不同内容领域的标准和要求。小学教师尤其如此。他们一直在苦苦探寻这一问题的答案：如何找到时间教完课程内容的规定领域？在所有阶段——小学、初中和高中——教师们都在绞尽脑汁地思考如何运用更多的动手学习（即动手做）和动脑学习（即思考自己正在做的事情）（只动手而不思考，并不算学习），同时完成预期课程甚至规定课程。其成功的关键一环是实施某种程度的课程整合。

学科整合：更像真实的生活

一提到课程整合，人们很容易对如下术语感到困惑，如整合研究、主题教学、多学科教学、跨学科课程、跨学科主题教学。其实，无论使用哪一个术语，其本质上所指均为同一个事物，那就是课程的整合。课程整合法并不一定是每所学校的最佳教学方式,或每个学生的最优学习方式,它也不是每位教师应该或必须规划课程与教学的唯一方式。实践证明,此言不谬。

为帮助学生将他们自己的学习与生活经历结合起来,可在课程整合复杂程度这一连续体的不同位置——从最低程度的教学整合(水平一)到最高程度的教学整合(水平五)——做出努力。下述内容旨在增进你的理解。我并不是说,对于每位教师、每个项目或每所学校,某门课程的整合水平比另外一门更合适。实际上,对于课程整合,人们均有各自不同的理解或修改,究竟如何整合,每位教师必须做出自己的决定。

课程整合水平一: 课程整合水平一是传统的课程与教学的组织,教师是以话题提纲的形式规划和安排具体学科范围与内容之间的联系的。如果需要帮助学生将学习与他们的经历结合起来,那么这一切就交由课堂上的教师来做了。小学生和初中生白天在不同的时间点跟随一个或更多的教师学习不同学科的内容(例如,上午 8 点学习阅读与语言艺术,9 点学习数学,10 点 30 分学习社会科等),他们很可能是在课程整合水平一的教学环境下学习的,特别是在所学某门课程内容与其他课程内容没有联系或联系很少的时候。这同样适合高中生。如果他们在一天中从一个教室走到另一个教室,从一个教师转到另一个教师,从某门学科转到另一门学科,从一个话题转换到另一个话题,那么他们很可能是在课程整合水平一的环境中学习。例如,"地震"可能是科学课上的一个话题,社会科的一个相关话题可能是"自然灾害的社会影响"。

课程整合水平二: 如果相同的学生是以主题方式而不是话题提纲的方式学习英语/语言艺术,或社会科/历史或数学,那么他们就是在课程整合水平二的教学环境下学习。在这一层级,某一学科的主题不一定是与另一学科的主题同时规划、协调或教学的。在水平二层级,在规划不同学科的主题与内容方面,学生具有一定程度的决定权。在深入讨论课程整合水平之前,我们先来探讨一下何谓话题(topic)、何谓主题(theme)。

话题与主题:话题与主题的界限并不总是很明晰。例如,"地震"和"自然灾害的社会影响"是话题,"自然灾害"则是可以涵盖这两个话题的主题伞状概念。另外,主题经常会引发某一结果,其时间延续也比话题长。主题是需要加以研究的某种观点、资讯或想法。与话题相比,主题更具动态性。主题解释着研究的价值。主题向学生传递着经验的意义。尽管许多话题是围绕某一主题组织的,但它们常常构成了跨学科主题单元。当一个引导性问题如"一场灾害发生后,会给我们的社区带来什么影响"被提交讨论时,通常学生对某一研究主题就更加清楚了。

课程整合水平三:如果相同的学生围绕一个共同的主题如"自然灾害"跟随一个或多个教师学习两门或两门以上的核心学科(英语/语言艺术、社会科/历史、数学和科学),那么他们便是在课程整合水平三层级开展学习。在这一层级,教师们商定一个共同的主题,然后通常是在学年的相同时间内在各自的学科单独处理这一主题。所以,一名学生一堂课中从某个教师与其他教师那里所学的内容彼此是相互关联、相互协调的。在水平三层级,在选择和规划主题与内容方面,学生具有某种程度的决定权。有些写作者也将水平二或水平三称为协调课程或平行课程。

课程整合水平四:当教师与学生一起合作研究、学习某一共同主题及其内容,随着教师教授这一共同主题,无论是单独教授还是作为跨学科团队成员与其他教师共同教授,学科界限开始消失之时,课程整合水平四就实现了。

课程整合水平五:当教师与学生围绕一个共同主题及其内容进行合作、教学,学科的边界已完全模糊,不同年级、不同学科的教师为让学生全方位理解共同主题而开展教学时,这便是课程整合水平五层级了,即整合式主题方法。

整合话题、规划和开发跨学科主题单元的具体原则可参阅罗伯茨(Roberts, P. L.)与克罗夫合著、2008年出版的《跨学科主题单元开发指南》(*A Guideline for Developing an Interdisciplinary Thematic Unit*)一书,以及本书"参考文献与推荐阅读材料"部分的其他资源。

合作学习:在尚未体验到其益处之前,不要放弃

有时,教师一想到要运用合作学习小组策略就觉得困难重重,于是要么放弃使用这一策略,要么简单地告诉学生为完成某一活动分成小组,将其称为合作学习。若要让合作学习小组发挥作用,每一位学生都应接受人际互动与小组合作的基本技能培训,掌握相应的技能。学生必须意识到个人成绩的进步取决于小组成绩的进步。

合作学习小组是由3—6名学生组成的异质化小组(即根据一个或多个标准建立起来的小组,如能力水平、民族、学习风格、学习能力、性别、语言熟练程度等),他们在教师指导下或自我指导下进行合作。合作学习小组强调成员间的相互支持。通常,合作学习小组包含4名不同能力、学习风格、性别和民族的学生,每名小组成员承担某一特定的角色。学年中,教师常常会多次更换每组中的小组成员。合作学习理论认为,当不同背景、学习风格与能力的学生组成的小组为实现一个共同的目标而工作时,小组成员会相互尊重、增进友谊。结果,每个小组成员的自尊感得到提高,学习动机得以激发并积极参与高级思维活动,学生的成绩也得以提升。

若要使小组合作学习顺利实施,精心的计划和有效的管理尤其重要。必须教给学生必要的小组学习技能。小组内每名学生都必须

扮演明确的角色(承担具体的职责),且必须为履行这一职责负责。当小组合作学习活动进行时,各组必须得到教师持续的监督,以防止合作学习过程中断。一旦发现小组合作学习活动有中断的苗头,教师可立即采取干预措施,让小组重新回到合作学习活动中来。

在整个小组合作学习活动中或在不同的活动中,小组成员应当轮流承担不同的角色。虽然这些角色的名称可能存在差异,但如下是比较典型的五个角色:

- 小组助手——其职责是保证小组全神贯注于任务活动之中。
- 学习材料管理员——其职责是获取、保存和归还小组所需的学习材料。
- 记录员——其职责是记录所有的小组活动及其过程,亦可定期分析整个小组的表现。
- 汇报者——其职责是向教师或全班同学汇报小组合作学习过程与收获。采取一组4人的分组方式时,记录员和汇报者角色可以合并。
- 思维监控员——其职责是识别、记录小组成员思想的连贯性与思维过程。

学生须理解并认真履行各自的职责。合作学习小组的每个成员都能履行其预期的职责,这一点非常重要。在其中,不允许任何小组成员狐假虎威。为强调和强化每个角色的重要性,方便识别每个学生在小组合作学习活动中所扮演的角色,有个教师甚至专程去了一家文具店,为小组的各个角色制作了永久性的徽章。这样,小组合作学习时,每名学生可将相应的徽章别在自己的衣服上。

实际上,小组合作学习若要获得成功,每个成员都必须理解和扮演两大角色：一是作为小组成员自己所承担的角色；二是监督小组中其他成员履行职责的角色。履行这些职责需要人际沟通技能作为支撑，而人际沟通技能正是学生需要学习的。这正是作为教师的你必须承担责任之处。简单地将学生分组，然后期待每个学生都能各尽其责，最后获得预期的学习成果，这种做法不一定能够奏效。换句话说，应当将合作技能教给学生，学生应学习、实践合作技能。如果你的学生还没有掌握合作技能，那么你必须教他们。这并不是说，如果一个小组工作不利，你就马上解散该小组，并将其成员分配到其他小组。小组学习的一部分任务是学习如何解决冲突。某个小组在解决冲突时可能需要你的帮助。在你的指导下，小组一定能够找到导致冲突的原因，发现一些解决问题的途径，权衡利弊，最终找到一个解决问题的临时办法。如需要某种特定的技能，在教师的指导下，学生一定会明确并学会这一技能。

合作学习小组可被广泛用于问题解决、调查、意见反馈、实验、访谈、项目学习、试题命制或几乎任何其他教学目的之中。如果你运用合作学习小组，与普通的小组作业一样，你可以在任何时间将合作学习小组用于任何目的。但与任何其他教学策略一样，合作学习小组也不应被滥用。

小组成绩评定：不建议使用

运用小组合作学习的目的在于让小组开展学习活动，这意味着小组内的每个个体都必须投入学习。因此，小组学习的成就取决于小组内个体的学习状况。小组成员聚在一起不是为获取成绩奖励而展开竞争，而是帮助彼此学习、相互合作。这样，小组取得的成绩也会相当出色。

当一个合作学习小组的成绩被认可时，小组得到奖励，个人也获得了奖赏。值得一提的是,其重点应当是同伴相互支持而非彼此施加压力。建议你避免使用小组评分。当小组中的每一个成员都达到了预设的评价标准,一些教师会在每个学生的分数上外加奖励分。另一些教师则根据每个学生在组内履行职责的表现给出主观评价成绩。在确定学生成绩单上的分数时,学生的成绩最终要依据考试成绩和其他成绩确定。最终的成绩则依据这些数据和学生在组内的表现综合确定。

具有争议的内容与问题:不可避免

具有争议的内容与问题在某些学科中普遍存在。例如,在英语/语言艺术学科中,关于整体语言/语音、某些有争议著作(见专栏2)的问题;社会科中的价值与道德问题;科学课中的生物进化论与创世说。一般说来,如果你怀疑某个话题或活动可能会引起争议,它或许就会发生。在你的职业生涯中,毫无疑问,你需要决定如何应对此类问题。在选择可能引起争议的教学内容时,可考虑运用下述段落的内容作为指导原则。

专栏2　2005年10本最具争议的著作

《这绝对正常!》(*It's Perfectly Normal*),鲁比·H.哈里斯(Robie H. Harris)著

《永远》(*Forever*),朱迪·布鲁姆(Judy Blume)著

《麦田里的捕手》(*The Catcher in the Rye*),J. D.塞林杰(J.D.Salinger)著

《巧克力战争》(*The Chocolate War*),罗伯特·考米尔(Robert Cormier)著

《鲸鱼的谈话》(Whale Talk),克里斯·克鲁切(Chris Crutcher)著

《迂回艾美奖》(Detour for Emmy),马瑞林·雷诺兹(Marilyn Reynolds)著

《我妈妈所不知道的》(What My Mother Doesn't Know),索尼娅·索尼斯(Sonya Sones)著

《内裤超人》系列书(Captain Underpants),戴夫·皮尔凯(Dav Pilkey)著

《疯狂的女士》(Crazy Lady!),简·赖斯丽·康利(Jane Leslie Conly)著

《这不可思议!》(It's So Amazing!),鲁比·H.哈里斯(Robie H.Harris)著

资料来源:美国图书馆协会

在关注目标的同时,秉持一种观点——当前你的目标是保住工作,谋得教职(tenure)。实习期间,临时教学(probationary teaching)时期并不是你卷入争议的最佳时机。如果你与指导教师(如果有一位指导教师的话)、学科组长或年级组长甚至校长交流的话,你一定能预见和避免涉及争议的一些主要问题。

有时,在课堂正常讨论期间,有争议的话题会自然出现,让教师防不胜防。如果出现这种情况,务必三思而后行。在你获得与你的教学团队成员或其他同事充分交流意见的机会之前,你可以推迟对争议作进一步讨论。对所有教师而言,有争议的话题会冷不丁地从某个地方冒出来,这完全正常。年轻人正处于道德和价值观系统形成的过程中,他们需要知道、也想要知道他们所尊敬的成年人——教师的想法。青少年需要讨论一些社会重大问题,只要遵循如下原则,

在课堂上应对这些有争议的问题绝对不会出错。

首先,学生应该了解问题的方方面面。有争议的问题是开放的,而且应当被视为开放的。它们没有"正确的"答案或"标准的"解决方法。否则,世上也就没有争议了。有争议的问题(issue)不同于一般的问题(problem),因为问题通常都有一个解决办法,而对有争议的问题,人们有许多不同的观点,拥有若干不同的解决办法。因此,我们应将重点放在过程和内容上。一个重要的目标是,让学生看到人们如何处理争议,如何在审慎思考的基础上权衡那些充满智慧的决策。第二个目标是帮助学生学会表达不同的观点,同时让自己的观点具有很强的说服力。为实现这一目标,学生需要学会区分两种不同的冲突:破坏性冲突和建设性冲突。换句话说,学会看到冲突(不一致的观点)可能是健康的。冲突可能存在价值。第三个目标当然是帮助学生了解有争议的问题的内容,以便学生在必要时可依据自己的已有知识做出自己的决断。

第二,在准备教案时,应该提前审慎地思考那些可能引起争议的话题。如果教案没有经过周密构思和精心设计,那么教师的麻烦可能会随之而来。

第三,从某种程度上说,任何直接陷入某一争议的人——学生、家长或监护人、社区代表和其他教师——都拥有表达观点的权利(right to input)。这并不意味着校外人士有权检查教师的教案,但这的确意味着家长或监护人和学生应该有权决定不参与争议,有权选择另一个替代活动。

第四,让学生知道你对某一争议的观点本身并没有错,前提是:如果学生对你的观点提出异议,他们不会因此受到惩罚或学术处罚。当然,或许最好的方式是等待时机,在学生拥有充分的机会接触其他信息以及学生关于事实和观点的研究报告做出来之后,才亮出自己的观点。

有时，帮助学生区分某一特定争议的事实与观点非常有用。教师可以在投影仪或书写板上设置一张事实—观点对照表，可将有争议的问题置于最顶部，下面为平行的两栏，一栏为事实，另一栏则为相关的观点。

美国这个国家如此伟大的一个原因就是，全美人民都有就有争议的问题发表意见的自由。这种自由应该永远不被阻止或排除于公立学校课堂之外。应当鼓励教师和学生就有争议的问题表达自己的观点，悬置仍处于搜集数据阶段的判断，然后达成和接纳彼此的理性观点。我们必须理解教授真理、价值观和道德与教授关于真理、价值观和道德知识之间的区别。

必须保护儿童免受教条的影响，必须赋予儿童学习、确立个人价值观和意见的自由

作为公立学校的教师，你的学术自由是有限的，而且受到的限制比大学教师多。你必须了解这一事实。两者的根本差异在于你的学生不是成人。作为年幼者，他们必须受到保护，免受教条的影响，他们必须被赋予学习的自由、确立自己的价值观和观点的自由，免受来自那些对其学习进行管理和控制的人的强迫。

决策与控制源：教学的确是有趣的，且具有内在奖赏性

作为教师，你每天可能会做出上千个或更多绝非琐事的决策。一些决策在你上课遇到学生之前已经完成了，一些决策是在教学活动过程中做出的，还有一些则是在课后反思当天的教学时做出的。这些决策中的许多决策能够而且必将影响学生未来的生活。你或许将这视为一种非凡的责任，事实上，它的确是一种非常了不起的责任。

处理策略：避免孤独感

作为新教师，你很快就会意识到肩上所担负的众多责任，意识到每天做出大量决策之时你有多么孤独。作为实习教师时，有人会定期观摩你的教学，并提出相应的教学反馈。与你作为实习教师不同，从教第一年的生活可能是孤独的，尤其是当你感到沮丧、困惑、压力大、责任重但没有一个人可以求助的时候。因此，你需要怀着一种积极的心态去识别一个可能会支持你的人，一个你可以倾诉、讨论、诊断自己问题的人。新学年最初的几个月似乎是关键时机，此时新教师可以获得与指导教师或其他富有同情心的同事探讨问题的机会。

能力不足和具有职业倦怠感的教师往往会疏离学生，不能全身心地从事教师工作，履行教师职责。优秀教师则会发现更加积极的应对困难方式，如个人反思、深呼吸、身体与心理锻炼、暂时从学校事务中摆脱出来等。坚持写个人反思日志可以为自己的专业成长提供有价值的启示和自我满足感，哪怕日志只是只言片语的一个句子而非一个段落，每周一次而非天天记录，甚至可以是每天给自己发邮件

的方式。就像 2001 年 5 月报道的那样,有名教师整年将苹果状书写本放在办公桌上,并记录下她教学中的精彩时刻:某一天有学生送给她一个苹果,某一刻她最难缠的班级的学生开始认真讨论关于梦的话题,某一刻某名学困生开始全身心地参与学习活动。

> 我将自己成功地转变为一名教师归功于三大教学策略:
> - 尊重多元;
> - 相信学习的力量;
> - 坚持个人反思。
>
> 斯尼·索波里斯·史密斯(Theoni Soublis Smyth,2005)

决策与教学

在思考教学时,我们可以从四个相对独立的决策与思维处理阶段来认识,这一思路非常有用。这四个阶段分别为计划阶段、互动阶段、反思阶段和投射阶段。计划阶段包括你在实际教学之前所做的所有学术任务与决策。互动阶段包括在教学行为的即时性与自发性(immediacy and spontaneity)方面的所有决策。与计划阶段相比,互动阶段的各种决策可能更具直觉性、无意识性和常规性。反思阶段是你反思、分析和判断发生于教学阶段的决策与行为的时段。教师可利用其所思与所学在后续的教学行为中做出更好的决策。这时,教师便处于投射阶段,即总结提炼教学反思,将自己的分析结果投射到后续的教学行为之中。

这可能是你的第一份工作,工作中你不断地反思每一个教学行为

有效地继续一项富有挑战性的工作(也就是疏解教学的压力)需

要大量的反思。以个人日志的方式记下个人对教与学的经历的反思是非常有用的。它不仅有利于缓解教师的压力，而且也有助于提升教学水平。典型的反思问题有：我觉得今天的教学怎么样？如果自己觉得是成功的，那么是学生的哪些话语与行为让我产生了这种感觉？如果自己觉得不成功，那么是学生的哪些话语与行为让我产生了这一感觉？下一次，我会采取不同的教法吗？如果是，我将采取何种教法？为什么？反思今天的教学，明天的教学将要做出怎样的调整？

正是在反思阶段，你才会做出抉择：是承担教学结果的全部责任，还是仅承担积极的教学结果的责任，而将消极的结果归咎于外部力量（如家长或监护人、社会、学生同辈群体、其他教师、学校管理者、教材与资料、资源缺乏等）。教学结果的责任所归之处，通常被称为控制源（locus of control）。那些具有内在动机、精明能干的教师倾向于承担教学结果的全部责任，无论其教学结果与计划阶段有多大的出入。当新教师有一个可信赖、能力强、富有同情心的同事或可以定期咨询的指导教师时，他们完全可以承担起教师的专业责任。

在教授规定课程甚至限定课程时，保持创造力与个性

许多校区会制作课程图，既包含州课程标准，也包括本校区知识基准的核心内容。教师有责任教授这些基本内容，通常遵循某种具体的知识内容之间的联系与时间框架。你一定要熟悉所在学校的课程学习要求，最好是在给学生上第一节课之前就了解清楚。将课程标准放在你容易拿取的位置。

尤其是一些小学教师，他们会发现学校的语言艺术和数学课程的限制程度极高。如果遇到这种情况，你要记住，限定性的课程并不否定你为特定群体学生做出的教学计划与课程内容的调整。高度限

定的课程并不必然与以学生为中心的教学、差异化教学相冲突。例如,每天教学之后,考虑到每个学生的学习状况,可能需要对后续课程做出调整。无论某一学习内容是从哪里开始的,正是作为教师的你将赋予课程内容的实施以独特和富于创造力的教师自我特征。就如同在滑冰锦标赛上,虽然或许别人会为你规划滑冰的步伐,但具体实施的最终决策、技术和艺术还是由作为滑冰者的你掌控。最有效的教师,是那些已经学会调整时间、方法和分组等关键要素以帮助学生掌握核心课程标准的教师。可参阅布莱顿(Brighton, B. M.)2002年撰写的文章,文中有初中社会科教师如何在差异化教学、最佳教学实践与州规定的绩效责任之间取得平衡的实例。

个性化教学：
确保不让任何一个儿童掉队

目前存在许多关于学校分层性质的言论，一旦允许实施，这些言论可能会挫伤教师努力进行个性化教学的积极性。通常，教师在任何时候都会有 25—35 名学生，或 35 名以上的学生。这些学生通常年龄相同，在身体体型方面差异也不大，小学各年级的儿童尤其如此。而且，陈旧的传统强化了这一观念：你是在教一群学生，而不是教碰巧分在一组的每一个个体。只有当你单独审视每个学生时，他们之间的个体差异才会显现出来。若要使教学个性化，你面对的挑战就是设计出适合分层小组学生个体差异的教学法。

个性化教学并非意味着你找独立的学生个体开展工作，事实上，个性化教学可以而且经常是以两人组合或三人以上小组的形式进行，以满足每个学生的特殊需求。这样的派对或小组通常是临时的、动态的。对此，并没有什么特别的程序或公式可以遵循。但如果你每天都将你的班级作为一个小组进行教学，那么你很可能不是在实施个性化教学。你需要认真研究每一个学生，他们的学习能力、长处以及那些需要培养技能与能力的领域。

个性化教学精选策略

无论班级中学生的数量和多样性如何，无论他们的年级水平或学科知识怎样，只要正确运用以下教学技术，你都可以迅速有效地开展某种程度的差异化教学。

- 从学生的现有水平如他们知道的内容（或他们认为自己知道的内容）出发，开始某一话题的教学——关于这一话题，他们想知道什么。这方面的策略包括K-W-L策略（可参阅本书第88页的专栏7）以及"思考—结对—分享"(think-pair-share)策略。运用第二种方法时，教师给学生提供一个新的概念或要研究的话题。学生两两结对，讨论他们已经知道的内容或他们认为自己已经知道的内容。教师在书写板或投影仪上记录学生想法的同时，结对的两名学生与班上其他同学分享他们关于该话题所知道的内容或认为自己知道的内容。
- 赋权于学生，让学生承担决策、反思与评价的责任。
- 采用多种教学方法（即在多种分层条件下，运用多层次教学，如让学生独立学习，或实施整班教学）。
- 为了让学生更多地学习和了解某话题内容，为学生提供多样化的学习路径选择，提供丰富的动手体验。
- 如若可行，尽可能多地实施跨学科主题教学。

纪律：许多新教师关心的头等大事是课堂会不会失去控制

有效的教学需要组织有序、郑重其事的课堂。在这样的课堂中，学习动机强烈的学生能全身心地投入学习任务，免于分心和打扰。给学生提供这一学习情境，叫作有效课堂管理。有效课堂管理的本质在于确立和维持课堂控制，即课堂中控制学生行为的过程。课堂控制涉及两个方面：一是防止不适当的学生行为的发生的步骤（课堂控制的确立方面）；二是应对发生不适当行为学生的思想变化（课堂控制的维持方面）。

在管理有效的课堂上，学生们知道该做什么，备有上课需要用到的学习材料，完成课堂任务时会全神贯注。这样的课堂氛围是积极的，教学程序是清楚易懂的，教学材料是新颖、有趣且容易获得的。而且，整个教学流程顺畅自如，几乎没有中断。

新教师也可以很快学会有效课堂管理所需技能。有效课堂管理的关键在于：（1）备课时你需要全面、深入地思考；（2）为学生提供愉悦、积极和支持性的课堂氛围；（3）确立一套严格而连续实施的控制程序；（4）防止分心、干扰和捣乱；（5）以迅速、不易察觉的方式应对那些难以避免的分心和扰乱行为。

学年之初开好头：充分的准备有助于树立信心，确保成功

学年之初开好头，会让一切与众不同。在开始上第一节课（以及后面的每一节课）时，尽可能地准备充分，充满自信。

每一位新教师都会有某种程度的紧张和担忧。解决这一问题的

秘诀是不要在学生面前表现出紧张、犹豫和焦虑。做好充分准备一直是建立自信、克服紧张情绪的有效方法。

防止一艘船下沉比拯救一艘下沉的船要简单得多：要避免的错误

对于第一年的教学，没有人（包括你自己）会指望你做到完美。但是，你应当避免一些教师都会犯的错误，这些错误会引发学生注意力分散和爱捣乱的行为。几乎95%的课堂控制问题都是由教师管理不善造成的，但这些问题可以避免。在这一部分，你将会看到一些关于教师经常犯的错误的描述。为了在教学上有一个良好的开端（以及成功的后续发展），你需要掌握避免这些错误的技能。因此，你需要意识到这些潜在的错误并反思自己有没有类似的行为。

本书呈现的指导准则不区分学生的年龄、年级以及科目。建议你好好阅读每个条目，然后思考这些条目对你的实际帮助。有时，和你的同事们讨论、交流一下也会大有裨益。

1. 长期计划和每日教学计划设计得不够充分。没有充分准备的教师很容易使自己陷入麻烦。长期计划不周密，每天的教案草率是无效教学的征兆，最终会导致教学失败。只有勤奋明智的教师才能充分调动学生的积极性。

2. 将重点放在学生的消极行为上。对学生不适宜的行为给予过多警告，但是对好的行为却很少给予表扬，这样不利于营造有效教学的良好氛围。提醒学生们该遵守的常规比惩罚他们不遵守常规更有效，而且会让你更快地取得成效。

教师经常会用一些否定性的指令，比如"不许讲话""在课堂上不能嚼口香糖或糖果，否则放学后留校惩罚"以及"没有教师的允许不得离开自己的座位"。有时候，教师也会准许学生之间相互使用否定的语言，如"闭嘴"。否定的语言并不能营造积极的课堂氛围，只有明确、积极的语言才能鼓励学生。告诉学生他们到底应该做什么,而不是在课堂上使用消极、缺乏尊重的语言。

3. 没有要求学生举手并告知他们回答问题。能力欠缺的教师经常容易被课堂事件控制,但是能力卓越的教师却能轻松自如地控制课堂事件。如果学生都被允许可以随意大声地喊出他们的观点、答案或问题,那你不可能掌控课堂和课堂互动。成功的教师都会迅速建立起他们对课堂的控制。

除此之外,放纵学生,让他们随心所欲,也不利于学生学术的发展。当学生学会控制自己的冲动后,他们会先思考清楚再行动。所以,学生需要被教导在做出行为或喊出答案之前先思考一番。为了避免学生在课堂上随意喊出答案和做出一些扰乱纪律的冲动行为,教师应该坚持让学生举手,再选择学生回答问题。当然,某些学生群体、某些课上讨论可能会有些例外情况。

4. 让学生举手的时间过长。当学生举手时间过长,教师还没注意到他们或让他们发言,在等待的时间里他们就会无所事事。尽管不必学生一举手就让他发言,但是你应当通过摇头或者手势告知学生可以把举着的手放下,继续学习。过一会儿,你可以让这个学生再提出疑问。你的这种处理方法必须让学生明白,而且要一以贯之。这只是新教师经常犯的典型错误之一,他们经常会犯的错误还有准备不充分、表达不清楚、处理方法前后不一。

5. 花费在一个或一部分学生身上的时间过长,而没有管理整个班级。在一个或一部分学生身上花费太多时间,实质上就是忽视了班上其他学生。作为一个新教师,忽视班上其他学生的做法绝对是不明智的,就算只有一小会儿。聪明的教师会使用灵活互动的技巧。

6. 在学生注意力还未集中之前就开始一个新的活动。不能让学生紧跟教学流程或不期望所有学生遵循纪律的教师,在课堂管理上肯定会出现重大问题。你必须建立和维持课堂秩序。在学生还未遵照你的指示之前就开展新的教学活动,无异于告诉学生他们不必遵循既定的流程。你不能告诉学生一件事,却允许他们做其他事。在课堂上,你的行为永远比你的话语更重要(见第 16 条)。

7. 教师话语和学习活动速度过快(或过慢)。 控制学习活动的速度一直是新教师最难以掌握的技能。请记住,学生需要一定的时间才能从上一个学习活动中身心脱离,从而进入下一个学习活动。这样的学习活动转换对你一个人来说很快,但是对 30 个学生来说,却需要更多的时间。所以,我建议将学习活动的过渡列入计划,写入教案中(详见第 135—136 页)。

8. 教师的声音过大或过小。 让学生感到烦恼的是教师的声音一天比一天大,教师这样做的原因是害怕学生没有听到或者学生没有理解。如果你觉得你的声音可能存在问题,请一个同事来听你的课,然后给你一些关于你声音的反馈。或者,你也可以聆听一些关于演讲交流的课程。

9. 让学生写日志,却不给出一个明确的主题。 如果学生要写的题目或主题是模糊不清的,或者明显是你临时准备的,你布置作业时并未想好学生会怎么样解读和回应,那么学生就会认为这个任务只是无知的忙碌(他们可以在你点名的时候写作业),而且他们的判断很准确。如果他们完成了这个日志,这些作业将会充满混乱和缺乏热情,效果会比写让他们觉得有意义又明确的题目差很多。

10. 站在同一个位置的时间过长。 在课堂教学的多数时间,教师应当移动,在学生中来回走动,保证所有的学生参与学习。

11. 坐着教学。 除非有身体上的隐疾或教导的学生非常年幼,在大多数情况下,作为新教师的你是没有时间坐着教学的。坐着教学很难掌控班级活动,结果很可能是一片混乱。你不可能会那么轻松。

12. 非常严肃,毫无乐趣。 好的教学毫无疑问是一件严肃的事情。但是,与学生相处快乐的教师更能激发学生的积极性,这样的教师能够帮助学生,并且能够感知学生的兴趣点。

13. 一直使用相同的教学策略。这样的教师上课非常枯燥,尤其是对高年级学生而言。学生的积极性需要用不同的教学方式才能调动起来,有了积极性,他们才能更好地回应教师精心准备的各种有价值的教学活动。

14. 提出有深度的问题后等待时间过短。学生需要时间去思考有深度的问题。如果教师给学生思考问题的时间向来很短,他的教学会很肤浅,并只停留在最低的认知水平上,最终会导致学生学习积极性不高和课堂管理的问题。你需要尽可能地回顾和修改你的提问策略。(可以参看克罗夫 2007—2008 年撰写的三本书中的任意一本,见"参考文献与推荐阅读材料"。)

15. 使用教学工具能力低下或者毫无效率。如同不会使用提问策略一样,不会使用投影仪、电子媒体和写作白板等教学工具的教师,可以说是能力不够。你会要一个不知道怎样使用修理工具的汽车修理工来为你修车吗?你会让一个不知道怎样使用手术工具的外科医生来切除你的肿瘤吗?就像优秀的汽车修理工和出色的外科医生一样,有能力的教师会选择并且高效地使用教学工具。

16. 不能有效地使用面部表情和肢体语言。前面我们提到过,你用手势和肢体语言与学生沟通,比你的言语更有效。比如,一个任教七年级的教师不能理解为什么学生不理会他反复说的"集中注意力"。在 15 分钟内,这句话他重复说了 8 次。回顾了那堂课的录像后,他明白了问题所在。他的着装很随意,他通常的站姿是手插口袋。1.8 米的个子搭配一张缺乏表情的脸,和一个无意义的声音,在课堂上无法获得指挥权。在看过那堂课的录像之后,他打着领带回到了课堂,开始使用手势和表情,以及更具表达力的声音。渐渐地,他成了一名更高效的教师。

17. 过分依赖教师话语。新教师总会过多地依赖教师话语,但这是不可取的。当无法区分有用的和无用的教师用语时，学生很快就会自动忽视教师。

很多教师过分地依赖言语的互动技巧。口头上惩戒学生扰乱课堂的行为，其实是强化了你想阻止的这个行为。此外，在别的学生面前口头指责这个学生，最终很可能会导致事与愿违的效果。你应当学习通过眼神、位置变换、手势和面部表情、沉默、站姿和接近学生等方式，间接而安静地指正学生的行为。

18. 教学时间内工作效率低下。 在规划教学阶段，仔细想想每分钟的教学时间要用来做什么，然后做最有效的计划，这样你就能最有效地利用你在教室里的时间。请看下面的例子。一位教师用一张贴在墙上的大牛皮纸记录学生的答案。她询问学生的回答，然后将学生的答案用笔书写在纸上。决定和完成其中的每项动作都需要消耗宝贵的课堂时间，而且会分散学生的注意力。一种有效的替代方法是找一个可靠的学生助理，让他来处理文字，教师只需要征集和确认学生的回答。教师越少做决定或者行动，学生的注意力就越不会分散。教师就不会失去与学生眼神接触的机会，不会失去接近学生的机会。

19. 只与一半的学生对话和互动。 在引导课堂讨论时，新教师有一种倾向，只与占总人数40%—65%的学生有眼神接触和言语互动，有时甚至在整堂课期间完全忽略其他学生。那些感觉被忽略的学生将对课堂没有兴趣，还会不遵守课堂纪律。请记住，让你的眼睛看到所有的学生，与学生互动要均衡。尝试每一天与每个学生至少建立一次目光接触。当我说"建立"目光接触，我的意思是，你的学生知道你正在看着他或她。当然，你需要敏感地注意到，在某些学生的成长文化背景中，长时间的目光接触可能是不必要的或不常见的。

20. 在收发课堂讲义（或其他材料）时没有分配学生做事情。 如果在分发讲义或者等待他们提交作业时，学生们没有别的事情可做，他们可能会焦躁不安,注意力不集中。所以,当收发课堂讲义时,形成学生在此期间做点什么事情的惯例。(详见"课堂间的过渡",第90页。)

21. 在学生完成任务前打断他们。让全班学生去做任务并不总是容易的。一旦他们开始做任务时,不要让他们分心。请尽量在他们开始前将指示说完。当他们已经开始做任务,你突然想到一件重要的事情,可以写在黑板上。如果你想在他们做任务时下发学生的作业,请在某个合适的时间点使用最不会打扰他们的方式。

22. 用"嘘"使学生安静。教师这样做时,往往听起来像一个缓慢泄漏的气球,从而增加了课堂上的干扰噪声。在课堂上不要用"嘘"。如果你正在使用它,将它从你的专业词汇中删除,避免让这成为一种习惯。

23. 身体定位不当。锻炼你的洞察能力,选择一个合适的身体位置,这样你就可以在与某个学生或者一小组学生交谈时,继续视觉监控整个班级。不要将你的背完全转过去,甚至对一部分学生而言,完全转过去一秒也不行。

24. 你本可以从学生的回答中得到更多,你却只期望获得一点点。最成功的教师对学生期望很高,从学生那里得到的回答也最充分。在进行课堂讨论时不要太着急,像挤奶一样慢慢"挤"出学生的回答,特别是在讨论一个学生显然很感兴趣的主题时,要求学生陈述他或她这样回答的原因。询问数据,核实答案。让另一名学生解释上一位学生的回答。寻求深度的思考和深层的意义。很多时候,教师在提出问题后,仅得到学生一个简短或低认知水平的回答就继续新的内容。如果在学生回答你的问题之后再提出一系列的问题,给他们提示和线索,可以锻炼学生的思维,让他们获得更高层次的认知。

25. 使用威胁手段。教师应当避免使用任何形式的威胁。例如,一位教师告诉她班上的学生,如果有人继续说不适宜的话,这些人将失去休息的时间,这可视作学生可以理解的常规惩戒方式。然后,当某些学生不遵守规定时,就可以剥夺他们的休息时间,这样做远比威胁整个班级的学生好。提醒他们常规惩戒和威胁是有区别的,这两种方式大相径庭,而且导致的后果也大不一样。

26. 因为少数人的不当行为而惩罚整个班级。虽然你认为这种惩戒的理念是明确的(即让别的学生也感到压力),但结果往往是相反的。那些一直表现良好的学生会与教师疏远,因为他们觉得受到的惩罚不公平。这些学生希望老师只惩罚那些行为不端的学生,而不要胁迫那些品行端正的学生,他们的想法才是正确的!

27. 使用通用的赞美之词。通用的称赞几乎是无用的。比如:"同学们,你们的草稿图真的太棒了。"这些赞美都是空洞的,相当于什么都没说。它只不过是教师另一种无用的口头表扬。不如具体说一说他们的草稿哪方面做得好,这样效果会好得多。另一个例子是,在学生口头回答完问题后,不要简单地说"很好",要告诉学生好在哪里。或者,不要只跟孩子说"我喜欢你的绘画",而要告诉他或她,你具体喜欢这幅画的哪里以及原因。

28. 毫无意义地使用颜色。教师在透明胶片上和书写板上使用颜色编码是很好的做法,但如果颜色本身含义不明显,就会失去使用意义。例如,如果课堂上的一切都是用颜色编码的,而且学生理解其含义,就可以将颜色作为一个重要的辅助记忆的学习工具。

29. 在全班同学面前谴责学生。这种谴责不仅是对课堂不必要的中断,使这名学生在同伴面前丢脸,而且可能加深他们心中本有的"老师和学生是对立的"之印象。如确实必要,谴责可以用一种平静的方式私下里说。

30. 只与少数而非全体学生交流互动。新教师特别容易养成一个习惯,就是只与少数善于表达的学生进行互动。然而,你的工作是教所有的学生。要做到这一点,在互动中你必须是主动的一方,而不是被动的一方。

31. 不能以足够快的速度干预学生的不当行为。如果这种情况持续下去，学生的不当行为通常会变得更糟，而不会变好。最好是在不当行为处于萌芽阶段时迅速而坚决地解决。教师如果忽略不恰当的行为，哪怕是暂时忽略，也会被默认为是准许这一行为的存在。这样的准许反过来会加强学生不当行为的重复和持续。

32. 不能记住和正确使用学生的姓名。一位记不住学生姓名的教师，通常会让学生觉得很冷淡和不关心他们。你应该迅速地知晓并记住他们的姓名，提问时正确地叫出他们的名字。有些教师很用心，与学生见面前就记住了部分学生的名字，尽管不是全部，这是因为他们在开学之前想办法拿到了学生的照片，并进行了比照。

33. 只判断学生的作业是否正确，而不考虑学生做作业的过程和思考的过程。对学生的作业只简单地给出正确或错误的评价，这只会让学生觉得解答的过程并不重要，提出多种问题解决方式和其他答案是不可能的或不必要的。它否定了个体思维的重要性和学习的本质。

34. 没有提前宣布时间安排计划。学生在做活动时，你大喊着告诉他们还剩下多少时间，会打断学生的思维，这意味着，至少对你来说，他们的想法是不重要的。一旦学生开始做任务，要尽量避免打扰学生，尊重他们做任务的行为。在这种情况下，应在活动开始前在显眼的地方写上活动时间，强调活动结束的时间。

35. 问一些没有学生会回答的概括性问题。比如"大家都明白了吗？""有什么疑问吗？""你们觉得怎么样？"因为大多数年轻人都不愿意在同伴面前承认自己无知，所以提这样的问题只会浪费宝贵的教学时间。如果你真的要检查学生的理解情况或听取他们的意见，请就某一点提出具体问题，给他们时间去思考，然后再让学生回答。

36. 未经常检查学生的理解情况（下达指令后，每隔几分钟核查学生是否明白）。很多时候，教师费力地讲解一大块或一整节的知识,指望学生能够跟上。或者,有种最坏的情况,教师急于讲完这些内容,甚至不关心学生是否理解。而且,学生们很快就能知道,教师根本不关心或似乎并不在意他们的理解情况。

37. 不对学生的课堂自修进行管理。 当学生在自修时,可以经常做一些理解性任务的检查。当给学生自修任务时,确保你的指导详细具体,例如,要学习的具体内容是什么,学生如何学习这些内容,这些学习内容与先前的材料是如何关联的。在自修期间,不仅要确认学生确实在做自修的任务,而且要检查个别学生对知识的理解情况,必要时可以帮助他们。

38. 提出措辞不清、模糊的问题。 你在课堂上提出的关键问题,应深思熟虑,提前设计好,并写入你的教学计划。

39. 试图用自己的声音盖过学生的噪声。 这仅是告诉学生,你在说话的时候,他们制造噪声是可以接受的。当这一切发生的时候,所有人,包括教师,通常是说话声音越来越响亮。在一天的学校工作结束后,你试图用音量征服学生的噪声所得到的唯一结果,就是喉咙痛。长此以往,你的声带很可能遭到损坏。

顺便说一句,由于教师比其他职业的人更容易患声带疾病,因此一些学校现在正在安装便携式(由教师操纵的)或红外无线语音增强设备。这样的设备不仅有益于保护教师的声带,也有益于提高学生的学业成绩(McCarty, Ostrem, & Young, 2004)。

40. 非常想要学生喜欢自己。 忘了这个吧!如果你是一名教师,就好好教书。只有有效的教学和专业的风范才能赢得学生的尊重。然后,他们才会渐渐喜欢你。你不是学生的同龄人,你是他们的老师——专业的教师,重要的成人榜样。

41. 当教师播放教学媒体时,允许学生注意力分散。 这通常是因为教师没有给学生书面讲义,这份讲义应当包括他们应该思考的问题或一些观看媒体的指导。有时候,学生需要一些额外的关注点。

此外，媒体呈现形式通常是音频和视频，为了加强学生的学习，添加一些让他们动手的部分，比如写作。

42. 教学活动断断续续。断断续续地开场是指当教师开始一个教学活动时被打断，然后重新开始，再次被打断，然后试图再次开始。在这种时断时续的教学活动过程中，学生会越来越焦躁不安，注意力越发不集中，有时甚至觉得老师教学效率低下，很可笑，最后，成功的教学活动开场几乎不可能实现。为避免这一情形的发生，开始一个活动时，教师务必明确和果断。当教师教案准备充分、考虑周全时，这是很容易做到的。预防断断续续地开始教学活动，需要教师具备灵活应变的教学能力。例如，教师会接受一个迟到学生进入课堂，并不会因为他影响讲课的节奏。另一个例子是，教师可以用肢体语言去制止行为不当的学生，但不中断正在讲课的内容，也没有分散其他学生的注意力。

43. 同时引入太多的话题。同时进行多个主题的活动会超出学生的接受能力。例如，在课堂的前 10 分钟，高中教师会进行一个热身活动，比如写作活动。教师在投影上已经给出了明确的指令。这位教师还继续口头解释这个活动，她可以简单地指着屏幕，用非语言的方式告诉学生写作活动的要求（不干扰那些已经开始构思的学生）。一分钟后，教师告诉学生他们前 1/4 学期的成绩，以及在此期间了解有关这一成绩更多详情的方式。然后，她继续回到热身活动，进行第二次说明（或第三次，如果算上已经在屏幕上的详细说明）。接着，她又提醒学生一些新增加的规则，因此引入了第三个主题。然而，在这个时候，大部分学生还在思考和谈论她说的关于季度成绩的话题，只有很少的人在做热身活动，几乎没有人听她说新增的规则，学生中一片骚动混乱。教师为了集中学生的注意力而说太多的话题，结果只会失去对课堂的控制。

**44. 在周一或者假期结束后的第一天没有给学生愉快的问候，询问他们周末或假日的情况。学生可能会觉得这样的教师态度冷淡,对他们漠不关心。

45. 听上去是以自我为中心的人。无论你是不是以自我为中心的人,都要避免有这样的表现。有些情况下,这两者的区别是细微的,但却很明显。如,教师说"我现在要做的是什么",而不是"我们现在要做的是什么"。如果你想增强团体的凝聚力,想营造一种"我们"的感觉,那你就不要用你是领导者、你的学生是追随者的方式去教学,而要增强你学生的学习自主性。

46. 花太多时间做口头说明。在教师漫长的口头指示中,学生会变得越来越急躁不安。更好的方式是做简要的说明(用时60秒或更少),然后就让学生开始做任务。如果是复杂的活动,向三到四个学生做活动说明,然后将这些学生分到各个小组,让他们教小组的五六名成员怎么开展活动。这可以帮你减轻监控各组进展的负担。

47. 花太多时间做一个活动。不管是什么学习活动,活动前都应该仔细考虑学生可以用多少时间有效地参与其中。对大多数班级(年龄层次等因素影响会有变化)的一般准则是,当活动要用到一种或两种学习方式(例如,听觉和视觉),活动时间不应超出15分钟;当多于以上两种方式(例如,添加了触觉、运动),则活动可能会延续更长的时间,例如,20—30分钟。

当学生的注意力开始下降

如今的青少年习惯于电子互动的形式,因为有"插播广告"的休息时间,这期间可以去寻找别的频道,看看有没有他们感兴趣的东西。因此,对于很多课堂,特别是那些以教师为中心的课堂,经过大约8分钟,学生的注意力就很可能开始下降。如果是这样,你需要提前计划怎样保持学生的注意力。这些计划的内容可以包括:

- 通过类比的方式将学习的主题与他们的经验联系起来;
- 使用幽默的表达;
- 学习方式的变化,如从教师授课到小组学习;
- 强调重点时可以稍作停顿,让学生做笔记;
- 感官提醒,如眼神接触和靠近学生(在教室内来回走动);
- 口头提示,如变换语音语调和点名。
- 视觉提醒,例如使用投影仪、图表、黑板画、CD 中的片段、实物和肢体动作。

48. 紧张和焦虑。 学生们总是能最快觉察到教师是不是很紧张,害怕活动进行得不顺利。这就像是一种传染性疾病,如果你很紧张和焦虑,你的学生将有可能也这样。为了防止这种情绪在某种程度上影响你的教学和学生的学习,你必须细心地备课,考虑周全。除非你生活中的一些私事让你很着急,否则经过充分准备的你在课堂上应该非常有信心,可以掌控好整个课堂。你怎样知道什么时候课备好了?通常情况下,当你写的教案让你真正感到兴奋,感到自豪,并期待着实施时,你的课就真的备好了。

如果有个人问题困扰着你,你会很焦急(我们大多数人都会如此),你需要集中精力确保你的愤怒、愤恨、恐惧或其他负面情绪不会对你的教学和你与学生、同事之间的互动产生不利影响。不论你有什么重大的个人问题,你班上的学生每天都期待着你教他们学习阅读、数学、历史、科学、体育等,你应该尽量帮助他们。

49. 没有尽我们所能提供青少年学习知识的方法。 太多的教师总是不切实际地期望所有的学生在课堂上同一时间能做同样的事情,而不是同时提供几种可供选择的活动——多层次的教学,或被称为多任务教学。例如,一个学生对提问的回答不理想,他也许不是注意力不集中,而是课堂讨论影响了他的思路,如果他可以选择一个人安静地阅读,独立完成任务,他可能会表现得更好。如果进行另一个活动后,这个学生仍然反应不好,那么你可能要尝试别的活动。你可以让学生去另一个受监控的教室,事先安排好,然后下课或放学后再与学生交谈。

50. 过度惩罚在课堂上行为不端的学生,直接进行最后一种严厉的惩罚,而没有尝试中间的替代性惩罚方式。 教师有时会忽略学生的不当行为(见第 31 条),但有时候却跳过干预的步骤,直接诉诸处罚。他们立即让行为不端的学生站在外面的走廊里(这不是一个明智的选择,因为不能对学生进行监督),或让学生课后留下(通常是无效的)。在进行惩罚前,可以考虑可在课堂上使用的别的替代活动(如第 49 条)。

51. 教师指令拖沓,且前后不一。 新教师在课堂上最常出现的问题,恐怕就是讲的和想的不一样,做的和讲的不一样。指令模糊的教师的言行会让他的学生非常困扰。(例如,不执行他或她自己预设的课堂教学程序)。

帮助学生发展自觉性

自觉性是最好的控制。你可以帮助学生从以下几个方面提高自觉性:(1)提供一个丰富、具有挑战性的学习环境;(2)清楚、简洁地表达你对学生行为和学习的期望;(3)帮助学生建立一套检查自己行为的方法;(4)帮助他们提高行为要求标准;(5)坚定而持续地实施教学程序,对学生抱有持续的期望;(6)迅速、不易察觉地让注意力不集中的学生重新关注任务行为。

课堂中的平等：建立心理保障机制和有利的学习环境

当进行课堂讨论时，教师很容易落入一个陷阱，就是只与那些好学生，或离自己比较近的学生，或是那些音量很大很自信的学生交流。你必须谨慎行事，避免落入这个陷阱。为了建立起学生的心理保障机制，营造良好的学习氛围，你要照顾到所有学生，对所有学生一视同仁，让他们都能参与到所有的课堂活动中，否则，被忽略的学生可能会觉得受到歧视，注意力更加不集中，甚至破坏课堂。

违反性别平等的教师行为举例

研究发现，无论男女，教师都会在自己的性别基础上有一些无意识的性别歧视。一些比较常见的违反性别平等的教师行为有：

- 认为女生在数学、科学和体育上没有男生能力强，同样，男生在艺术、文学、音乐和舞蹈等方面没有女孩子天赋好。
- 同样违规时，对男生的惩罚比对女生的惩罚更严厉。
- 允许男生打断女生讲话，却表扬女生讲礼貌，知道要等别人发言完再说话。
- 允许或忽略关于性别方面的调侃，比如那些嘲笑大男子主义或者大女子主义的话语。
- 一贯使用男性的"他"，用"他们"来代指所有人，而不是中性词"人们"或"人类"。
- 用男女生分类的图表来显示成绩。

- 夸大强调让儿童遵循他们传统的社会性别角色,如女生应当整洁、顺从、温和且一丝不苟;男生应该有竞争力、进取心,热爱体育活动,充满力量。在强调这些时,不宜过度夸张,而应该找到一个平衡点。
- 在教学上表达对男生或女生的偏爱。
- 一定的领导职务只让男生或女生担当,或特定的课堂活动只为某一种性别设计。
- 在课堂讨论中,与一种性别学生的互动比另一种多。
- 轻视、忽略甚至嘲笑确保女性权益的社会运动或个人。
- 忽视或无视女性在社会学、数学和科学或其他相关领域对人类的贡献。
- 根据儿童的性别进行分类,例如教室里的座位、操场上的游戏、课堂学习活动都将男生与女生隔离开来。

教师需要特别努力避免这种歧视,也许你已经意识到了问题的严重性。

确保公平

你不能以任何理由歧视你的学生,下面几点可以帮助你确保学生在你的课堂上得到公平的对待。

- 避免使用与性别相关的隐喻,如"带球"("carry the ball",常引申为担重任,担任领导职务)或"解决这个问题"("tackle the problem")。
- 尽力去消除制度化的种族主义,因为其中有些很普遍、很细微而不被人们发现。比如:

* 白人比其他肤色的人能够在更广阔的研究领域有突出能力，或反过来说，非白人尽管有特殊的才能，但仅在一些领域取得突出成就。
* 歧视使用英语以外的语言，看不起讲英语方言与非英语口音的儿童。
* 不设置与某些种族的生活和文化相关的课程，这会造成对学校里这些种族的学生的歧视，仿佛他们没有代表性的文化。
* 觉得有色种族的儿童更有可能会胡作非为，当这些儿童违反纪律时，采取更严厉、更频繁的惩罚。
* 按种族分小组，这种做法是对少数族裔的歧视，通常会导致他们被分到学业成绩最差的小组。
* 忽视或忽略有色种族的人士在社会学、数学、科学或任何其他相关领域的贡献。
* 使用这样的比喻：将黑色描绘为坏的，将白色描绘为好的。
* 使用如下比喻：将南方的描述为坏的，将北方的描述为好的。
* 认为某些少数种族的学生天然地学业失败率高、辍学率高。
* 用不必要的称谓去指代一组同学或某个同学，比如"那个黑人学生""来自西班牙裔的选手""亚洲学生的父母……"，或者"这个司机是来自海福克的印度人，被指控酒后驾车"。这样的称呼却不会用在白人身上。

- 在课堂上，让学生们举手，认可后点名让学生起来回答问题，而不是让他们随意地说出答案。
- 鼓励学生表达他们对彼此的欣赏，在个人或者小组展示完后，其余学生给他们热烈的掌声。
- 对讨论中的创造性思维过程和所谓的正确答案同样重视。

- 在课堂上要保持礼貌。要让学生说完自己的观点而不被打断,你首先要确保自己不会打断学生说话。
- 带一个秒表,方便悄悄地控制每个学生的等待时间。虽然这种想法可能听起来不切实际,但它使用起来十分有效。
- 对每个学生都要有高期望,虽然不一定是相同的期望。
- 有意识地在课堂上保持对每个学生的答案和贡献一视同仁。

实地考察：计划带来成功

当下，组织实地考察时，学校用于支付交通费和意外赔偿金的资金往往非常有限，在某些情况下，甚至根本没有。这时，学生实地考察只能是通过电子方式，即上网。但有些时候，一些家长、教师团体及企业和民间组织会提供一些资源，让孩子们进行校外实地考察，获得宝贵的直接经验。

准备和实施一个成功的实地考察，需要做好三个重要阶段的规划，分别是考察前、考察中和考察后，每个阶段的决策都很关键。可参考以下指导原则。

实地考察前

进行实地考察前，这个实地考察的想法是你的（而不是学生的），将你的想法与别的教师、校长、学科组长（特别是需要交通工具时）讨论过后，再将这个想法告诉你的学生。此外，你可能会发现，你脑子里想的地方，已经被考察过很多次了，大部分学生都已经去过。同样也得仔细考虑实地考察的目的，不要用宝贵的资源去进行一些没有什么收获的实地考察。而且原则上，在确定这个实地考察旅行的可行性之前，不要让学生知道将要外出旅行，以避免让他们过于兴奋。

一旦你获得学校批准，可能的话，你和教师团队的成员应提前进行一些实地考察。事先的考察可以让你知道怎样才能让学生的实地考察更有效，需要怎样安排。为了做好事先考察，你可以找两三个学生助理同行，问问他们的想法。如果事先考察是不可能的，你还是需要安排好如下事项：旅游路线，出发和到达的时间，停车点，情况介绍，学生个人物品如外套的存储，午餐吃什么，厕所情况，可能的花费。

如果有需要收费的项目，你需要跟你的上级领导讨论费用将由谁支付。如果这个实地考察旅行值得做，学校应支付费用。如果校方不提供费用，学生也可以谋划一个筹款活动，或从其他方面获得资金援助。如果这些都不行，你可以考虑一个不涉及资金费用的替代方案。

要得到学校官方的正式批准，通常需要用报告的形式展现实地考察的目的和规划。得到许可后，你可以和你的学生进行关于实地考察的讨论，让你的学生获得他们的父母或监护人的同意。你需要认识到，尽管父母或监护人签署了同意书，但这只能说明，他们知道将有一次实地考察旅行，他们允许孩子参加。虽然同意书包括父母或监护人声明免除发生事故时教师和学校的责任，但学校和教师以及司机都不应该有任何的疏忽。

为学生提供他们实地考察期间其他课程的假条，假条上应当写明去实地考察的情况，由你或者校长签字。学生应当主动告知他们的任课教师即将缺席的课程，并向他们保证将会补上错过的课程。此外，你需要将自己的教学工作安排好。在一些学校，教师之间可以相互代课；而在另一些学校，将会重新录用一个代课教师。有时，教师必须自己雇用一名临时的代课教师。

外出考察时，确保携带手机。有些学校会为学生外出考察旅行专门配备一部手机。如果没有带，请确保司机或其他团队成员有手机。事先要安排好交通工具。校长和校长助理会给你提供详细的信息。负责安排交通工具的人的岗位因学校而异。但在任何情况下，请不要使用私人汽车，因为这样的话，责任的承担是不明确的。

事先代收所需费用。如果有要学生自付的费用，这些信息需要列入许可申请表。确保没有学生因为缺钱的原因被排除在实地考察旅行之外。这可能是一个棘手的问题,因为可能有些学生宁愿偷钱去进行实地考察也不愿承认自己缺钱。事先要对此类问题做好预防工作,希望学校或某个组织能够支付旅行的费用,从而不需要向学生收取费用,以避免这类潜在问题的发生。

计划好细节,确保学生的安全,监控他们从出发到返回的整个过程。准备一个急救包,而且需要一个学生自我管理组织,如同伴监督,让学生在整个行程中都是成对的,不会有落单的现象。每一对都有序号,教师和监护陪伴人员负责记录和保存,在出发时、旅途中、返程前、返程中,都要按照序号点到。应当充分发挥监护陪伴人员的作用。监护陪伴人员应当是成年人,一般情况下,每10名学生应该有一个成年的监护陪伴人员。有些地区有这方面的政策。在进行实地考察的全程,所有的学生都应该接受一个可靠的成年人的直接监护。

规划完整的路线和时间表,包括道路上的任何暂停点。你将需要与汽车提供方讨论行车的计划;并且,在必要的范围内,你要与你的学生讨论并确定应遵循的行为准则。这些行为准则包括旅行的细节、目的和方向,学生们应该穿什么,你对他们的期望(如,可以考虑给每个学生一个学习指南)以及后续活动。这些行为准则还应当包括如果出了差错该怎么做,例如,学生在出发或回程时迟到了,沿途丢失了个人物品,迷路,受伤,生病,或行为不端。如果出现最后一种情况,千万不要把一个行为不端的学生单独送回学校。这些事情在事先的考察中就应该与成年监护陪伴人进行讨论。所有这些信息还应当写入父母/监护人同意书中。

实地考察应该是促进学习的活动(除非唯一的目的就是庆祝学期结束),为了避免出差错,需要明确界定学习目标,学生必须知道他们应当怎么做,从哪里获得学习经验。在实地考察之前,应要求学生思考如下问题:

关于＿＿＿＿＿＿，我们已经知道了哪些信息？
关于＿＿＿＿＿＿，我们还希望找到哪些信息？
我们如何可以获得这些信息？

应当提前预约一个合适的向导，给学生的考察旅行提供帮助。

为了进一步确保学生顺利展开学习活动，明确学生学习的责任，你可以根据学习的需要给学生分配不同的角色和任务；就像开展合作学习活动那样，要确保每个学生都承担一定的责任，发挥一定的作用。

你可能要用相机或其他记录设备拍摄，以便在返程后可以重温此次旅行，与他人分享经验。设备及其维护和使用的职责也可以分配给学生。

实地考察中

根据以上指导认真规划的实地考察旅行，对每个人来说，都应该是有价值的、安全的个人经历。在途中，在行程的某个时刻，或者在返程中，你和成年监护陪伴人应该掌控学生的行为，就如同在教室里一样。

实地考察后

规划后续的活动。与其他课程计划一样，实地考察课程也要善始善终，当拥有合适的开端、精良的策划、高度的执行力和完美的收官之时，实地考察课程才堪称完美。可规划各种后续活动，作为对这一教育旅行经历的总结。例如，策划委员会可以准备一个具有吸引力的旅行总结展示会。学生可以将他们的实地考察旅行经历写在周记或者论文中。可以分组向全班同学口头汇报他们小组做了什么，学到了什么。他们的报告可以作为课堂进一步讨论或调查的依据。最后，所有学生都应评估自己的学习经验，为未来的实地考察提供宝贵的建议。

开学第一天：
留下美好第一印象的唯一机会

开学第一天、第一周及每次上课前几分钟的重要性，无论怎么强调，都不为过。对你来说，这是给学生留下美好第一印象的唯一机会。在学校的最初几天，会为你的全年定下基调，每次上课的前几分钟，则会为你的整个课堂奠定基础。

开学第一天，如果你希望发现你和学生的共同兴趣点，可以考虑以下情况。

穿着得体，注重职业感

为成功而打扮。你是一个成年人，也是一名专业人士，你要在你的穿着上也体现这一点。一名教师和一个专业人士，用形象来体现两者的联系是最直接的。事实上，这种关系就是你如何看待自己与别人如何看待你之间的关系。一些新教师出现问题的原因，是他们渴望被学生喜欢，也就是渴望作为学生的伙伴被接受，而不是作为一个成年的专业人士被尊重、钦佩。

与学生打招呼

面带微笑地迎接学生的到来，然后用友好但不失专业风范的方式向全班学生问好。即在学生到达时，你不是皱着眉头，也不是正在教室的某个角落做着别的事情。当你和学生打招呼时，用有力而悦耳（不要太大声，不要太犹豫或懦弱）的声音告诉他们，找一个座位坐下，每张桌子上已经有他们要开始的第一项任务。让你的课堂以正常的速度进行，几乎不留或者完全不留"僵死"的时间（即学生无事可做的时间）。

初始的活动

在你和学生互相问候过后，立即开始第一个活动，以事先放在学生桌上的写作或者画图的活动为最优。这样可以确保学生来到你的课堂后立刻有事可做。第一个活动如果是让学生填问卷表格，是个引导学生进入上课状态的好时机。

学生座位

一种方法是，给学生布置第一次任务时，写上他们的姓名，然后放置在座位上，当学生到达时，他们可以找到自己的座位。这样，第一天你就可以知道座位表，迅速知道学生的名字并进行考勤。另一种方法是，告诉学生在这周结束前，每个人都应该有固定的座位（无论是由你分配，还是由学生自行选择），那样你会有一个座位表，可以迅速知道他们的姓名并进行考勤。让他们知道，你也可能会不定期地重新安排座位。

关于课堂或课程的信息

第一个任务完成、讨论并收集上来后，向他们说明这节课或这门课程他们将学习些什么以及如何学习（包括一些学习习惯和你期望他们完成任务的数量和质量）。高年级教师通常会将这些信息列在课程大纲（参见专栏 3）中，给每个学生一份，并和他们共同探讨，特别是与他们讨论教师希望他们怎样使用书籍、笔记本、日记、文件夹和作业，学生应当从家里带些什么到学校来,课堂上或者其他位置的资源有哪些。

如果需要制订一个课程教学大纲,最好咨询你的辅导教师或校长,请他们推荐模范教师的课程教学大纲。

专栏3　课程教学大纲示例

《英语8》　第23号教室　Angela Biletnikoff

课程简介

《英语8》提供关于文学的阅读、分析和写作指导,使用《历史8》上与课程相关的文本。论文写作,尤其是描述性的写作会被重点强调。除了密集的词汇学习外,学生将每天进行写作练习。此外,学生将阅读一万字的课外文本,不包括分配给他们的阅读任务。《英语8》的阅读材料选材广泛(见课程教学大纲末尾列出的小说)。

所需材料

学生必须每天携带钢笔、铅笔和纸张来上课。活页夹的规格应符合教学要求。学校为学生提供的词汇教材和其他文学作品文本也必须带来。

课程目的(Goals)

- 了解和认识文学的各个方面:角色、场景、情节、观点和主题。
- 增加词汇量,为更高阶段的写作做准备。
- 发展和提高学生的描述性写作能力和组织能力。
- 提高口语和听力技能。

课程目标(Objectives)

- 学生将参与项目计划、课堂讨论、日记写作、课堂测验、论文写作和测试,旨在掌握情节、场景、人物、主题和其他文学写作手法的概念。通过这些活动,学生们将展示他们在写作和口语/听力技巧方面的进步。

- 学生将参与课堂活动,如持续默读(SSR)、朗读、项目计划,这些活动将有助于他们深入学习教学材料。

作业

每周有词汇测验,也有词汇作业。在整个课程中,学生要完成日记条目、快速写作和论文写作。所有作业都将会打分后返回到班级文件中。学生可以在课前或课后自行查看。

评价要素

学生完成每周的词汇测验。

对测验进行管理,教师要检查学生是否有进步。

考试日期将会在课堂上公布,课堂时间可用于准备考试。

课堂参与,包括小组合作参与,占学生成绩的15%,因此,缺席和迟到会对成绩造成负面影响。

评价方法

评价方法是口头和书面测验相结合。此外,学生的课堂参与、作业、项目计划和课堂讨论也会被评估。各项成绩都是依据以下打分系统而得出的。

论文、测验和测试	占总分的50%
作业	占总分的20%
日志	占总分的15%
小组合作和课堂参与	占总分的15%

等级分配

总分的90%—100%	A
80%—89%	B
70%—79%	C
50%—69%	D
<50%	F

每两周公布一次成绩(以学号形式发布,除去姓名)。

教室行为规范和处罚制度

学生应当做到以下五点:上课准时到,课前预习好,对人有礼貌,观点有见地,学习态度好。

如果这五条每天都能够做到,可以加5分。如果找借口过多上厕所,迟到或早退,这5分就会被扣除。

处罚方式:

第一次处罚:口头警告;

第二次处罚:暂停上课15分钟,打电话告诉家长;

第三次处罚:通报批评或者家访;

第四次处罚:通报批评或者可能休学。

注意:根据情节的严重性,教师可自主决定是否跳过中间步骤。

出勤

到堂上课是取得成功的关键。上课才能够理解学习任务和得到教师及他人的指导。而且,学生的进步可获得即时反馈。如果学生可能迟到或者要提前离开,请提前与教师联系。

迟到

当上课铃响的时候,学生没有在自己的座位上就算迟到。以任何理由离开教室,都算迟到或早退,这会影响学生的个人品德表现以及参加课外活动的权利。

洗手间使用特权

学生每学期有两次在上课期间去洗手间的权利。每用过一次就减掉一次。如果学生整个学期都没有使用这个特权,那么一次对应额外5分的品德表现分,共计10分。如果学生使用洗手间的次数超过两次,那么学生将得不到5分的品德表现分。

> **补交作业**
> 学生可以在教师收作业后的一天内补上作业,但是要有适当的理由,还要考虑教师是否接受。
>
> **额外学分的作业**
> 这学期没有"额外学分"的作业。
>
> **《英语8》教学计划表——秋季学期**
> 第一单元　短故事简介(2周)
> 　　　　　词汇、杂志、持续默读和开始课外阅读
> 第二单元　《四月的早晨》(April Morning)(4—5周)
> 第三单元　《赐予者》(The Giver)(4—5周)
> 第四单元　《安妮·弗兰克日记》(Diary of Anne Frank)
> 　　　　　(4—5周)

例行程序和认可的行为

你需要积极地和学生讨论你对他们日常行为的要求和期望。只有教师的期望变成一贯的例行程序,并被学生了解,他们才能表现得最好。刚开始,除了保证每天课堂的正常秩序之外,不要要求太多。五条或者更少的规则就够了,比如准时到达教室,认真完成任务,认真听课,互相尊重,使用恰当的语言,并表现出对他人的欣赏。如果一下子给学生太多的行为规范,会限制学生的思想甚至让他们感到困惑。大部分学生已经知道这些事情,所以你不应该花太多时间在这个话题上,除非他们是新学生或者小学低年级的学生,或者这个话题对你的课程有具体影响,比如实验课程、购物课程或体育课程中的穿着和安全问题。如果一开始遇到一些挫折,不用感到讶异或失望,

对一些学生给予适当的调控措施需要从经验中提炼技巧。补充下,虽然经验会让管理之路走得更顺畅些,但难免还是会有些曲折。

强调好的行为和态度

虽然根据传统,许多学校会在大厅里张贴禁止的行为,但是示范学校和模范教师会在课堂上更强调积极的态度和良好的行为。要建设一个包容性和鼓励性的课堂环境,可以想想"程序"而不是"规则","后果"而不是"处罚"。因为对许多人来说,"规则"这个词有更多的负面内涵,而"程序"却没有。当面对年轻一代的时候,一些规则是必要的,但我相信使用"程序"更易被接受。例如,课堂规则可能是,当一个人说话时,我们不能中途打断他。当有学生不遵守规则时,你可以改变强调的重点,不要立刻提醒学生触犯了规则,而是提醒学生:"当有人说话时,按照程序,我们应当怎么做?"

一旦你明确了对学生初始的期望后,你就可以向他们说明这些期望,并开始将它们当作日常程序进行练习。请记住:在积极的气氛中,只有让学生清楚地知道教师的期望,他们才能表现得最好;当日常的程序都清楚地向学生说明,他们理解和同意后,才会一直遵守;对不当行为的处理合理且前后一致,学生们才不会做出不当的行为。

学生一开始需要知道什么

当你准备告知你对学生行为的期望时,需要考虑一些学生从一开始就需要了解的细节问题。这些具体的方面应该反复和学生一起练习,不仅开学第一周要进行重复,而且整个学期都要具有一致性。这些具体的方面,可能会因你所教学生——一年级学生、高年级学生或中段年级学生——的不同而不同,也可能因你所教科目——语言、艺术、体育、科学实验或购物课程——而有很大区别。但是,以下段落所述是一些通用的情形,几乎所有学生从一开始就需要了解。

让学生注意到你时刻关注他们并愿意提供帮助的信号

在学期开始的时候,许多善于管理课堂的教师会让学生举手提出问题,学生举手直到教师示意(通常是点头)后,他们就可以将手收回去。我推荐的程序是,当你看到他们举手示意的信号时,他们就不用继续举着手,而重新回到自己的工作中。

正如之前讨论的(第22页,"防止一艘船下沉比拯救一艘下沉的船要简单得多:要避免的错误"的第三条),让学生先举手后发言,能让你更好地控制课堂,而且在决定谁发言的时候处于主动地位。最后这一点至关重要,因为它影响到你的课堂公平性——不论学生的性别、种族、个性和与教师的亲疏关系如何,他们都有平等的发言权。学生在小组讨论时,没必要先举手再和同伴交流,但在课堂上,学生不能为了获得教师的关注而随便乱喊,也不能在教师授课时自由肆意地大声说话。

另一个让学生先举手后发言的重要原因,是遏制学生的冲动行为。无论在面对哪个年级的学生,也不管是任教什么科目,教师的一个重要责任是教会学生做出智慧的行为。学会控制冲动就是一种智慧的行为,教会学生控制自己的冲动非常重要,却往往被大多数教师、父母和监护人忽视,其后果是非常可怕的。

为了避免学生对你的依赖,如果举手的学生太多,要鼓励学生之间进行良性互动。你可以采用"在我之前三个同学"的程序,也就是说,如果学生有问题或需要帮助,学生必须悄悄问了三个同学之后,再向你寻求帮助。一开始,作为新教师,你需要尝试不同的方法,并找到最适合你的独特方法。

进入和离开教室

在上课铃响起时，教师应当让学生在自己的固定座位上或分配的学习位置上聚精会神地学习或聆听教师的指导。这个准则适用于幼儿园、小学、中学、大学。例如，学生不应当在下课铃响起之前就在教室门口游荡，这样的话，他们四处游荡的行为会越来越严重，教师会逐渐失去对课堂的控制。除此之外，这是对宝贵而有限的资源——教学时间的一种浪费。从第一天开始，你就应当告诉学生，下课时间由你决定，而不是时钟或者铃声。

维护、获取与使用相关物品

学生需要知道何时从哪里检索材料，如何存储这些物品，如自己的衣服、背包、书籍、铅笔和药品；如何获得文件和资料；什么时候使用卷笔刀和废纸篓。有序课堂的控制和保持，需要：将学生课堂活动和个人需要使用的物品整齐地排列在容易够到的地方；学生清楚地了解既定程序；将学生不做学习任务的时间最小化；让学生在取东西时不需要排队。如果一些学生在课堂上无事可做，哪怕只有一小会儿，课堂失控的问题也可能发生。因此，你要精心布置教室的设备、教学所需物品和材料，充分准备活动之间的过渡计划，避免教学上的拖延以及程序上的混乱。

等待是必要的

虽然你应尽量减少学生排队等待的时间，但可能无法完全消除。

比如，当学生们排队领午餐或取饮用水的时候。事实上，学会等待是一种智慧的行为。因此，作为一名教师，你的责任包括帮助学生学习如何等待。

因为个人原因离开教室

一般情况下，学生可以在课间去喝水或去卫生间，但有时他们不这样做，可能是因为医疗原因或者课程教学时间过长。你要向他们强调，应该在进入教室前和规定的时间内完成这些事情，但当学生偶尔有紧急需要时，你可以灵活处理。当你允许一个学生因个人原因离开教室时，要严格遵循学校的程序，为他们的人身安全考虑。也就是说，你可以让两个学生一起，或者签署假条，或者让其在成人陪同下离开。

应对访客和宣布公告

课堂的中断对教师和学生有很大的影响（见专栏 4）。不幸的是，课堂中断经常发生，一些学校甚至过于频繁。其中一个重要原因是校长、副校长或学校办公室的其他人员可能会来向教师或学生宣布一个公告。学生应该知道，在课堂中断发生期间，他们应当做什么。课堂访问者到来时，你应当要求学生们继续他们的学习任务，除非你另有指示。

上课迟到或早退

关于提早放学和推迟上课，你必须遵守学校的规定，使之变成一个常规的程序。让学生清楚地了解，如果上课迟到或者早退（比如预约了医生），他们应当做什么。他们的人身安全务必要得到保障，而且迟到和早退的学生不可以打扰其他正在学习的学生。

专栏4　关于课堂中断

没有人会关注课堂教学被学校通过对讲机、电话或班级访客传递通知消息打断的频率。一个外科医生在做心脏手术的关键时刻,一个律师在总结陈述辩论时,没有人会打扰他们,但是在教学的关键时刻,教师似乎经常会被打断。一旦有人打断教学,学生的注意力和这个教学契机就会失去,不可能再找回来。

有时必须提醒学校管理人员和办公室人员,教师是被学校雇来教学的。教师的教学行为必须受到尊重,而不能轻易被打断。在我看来,除了非常重大的事件,教师在一节课开始五分钟后和下课前五分钟都不应该被打断。这一政策应建立并严格遵守,否则,多年后,我们将得到的教训是,在学校里,课堂教学成了非常不重要的事情。难怪在一些学校,教师得到学生的关注和尊重是如此困难。这方面应从学校办公室开始改革。

实行这一政策的第二个同等重要的原因是,如果在教学期间确有紧急情况发生,课堂被打断,大家就会知道这一定是个非常严重的紧急情况。

对不当行为的惩罚

能够进行有效课堂管理的教师,通常有对不当行为进行常规处理的程序,以确保学生明白自己的责任和不恰当行为的后果。后果将会张贴在教室里。

第一天,你可以指着后面张贴的惩罚措施,根据你学生的年龄和他们的语言程度,提醒他们不当行为的后果,解释其中一些细节。但不要花费过多的时间在解释惩罚措施上，只是强调不当行为的后果是什么以及它们将会被教师持续贯彻执行。

对不当行为的惩罚是只在当天，还是在指定的一段时间内（如一周），可以由你的教学团队、教学部门决定。

第一次家庭作业

用积极的语气结束第一堂课，并告诉学生你很乐意和他们一起度过这一学期，然后布置第一次家庭作业。确保第一次的家庭作业不会让学生花太多时间，每个学生都能以最小的努力做好它。

请务必让自己有充分的时间告诉学生作业将在哪里定期发布，要让每个学生都清楚地了解作业的要求，包括他们提交作业的方式。

嘉宾演讲：
使之成为成功的学习经历

将外面的嘉宾请到你的课堂，对学生来说是一个宝贵的教育经历，但并不是每次都如此。本质上，演讲嘉宾可以根据他们的演讲能力和知识水平分为四种类型。不幸的是，如果这是你第一次邀请一个特殊的演讲嘉宾，那么你可能不知道演讲者属于哪种类型。（1）最理想的情况，这位演讲嘉宾的演讲内容既丰富又鼓舞人心。（2）这位演讲嘉宾是鼓舞人心的，但没有提供实质性的内容，只能提供平时严格的课堂缺乏的轻松氛围。（3）这位演讲嘉宾讲的内容可能很丰富，但学生却觉得很无聊。（4）最坏的情况是，这位演讲嘉宾不仅讲话枯燥，而且说的内容还提供不了任何信息。第四种类型的嘉宾下次不要再邀请了。

要确保嘉宾演讲能够有利于学生的学习，请考虑以下原则。

- 如果可能的话，提前和演讲嘉宾见面、交谈，向他介绍你的学生和你的期望（学习目标），并推测他的演讲能力和知识水平。如果你认为演讲嘉宾可能知识丰富，但演讲比较枯燥，也许你可以想一些办法使演讲更令人振奋。例如，在演讲嘉宾配合的情况下，提前计划让嘉宾每隔几分钟休息一会儿，让学生提问题，或者讨论。
- 提前告诉学生他们应当在演讲中获得的关键信息。
- 让学生准备向嘉宾提问，问一些你希望他们学到知识的问题。
- 演讲结束后，给嘉宾一封感谢信，也可以提出演讲结束后学生们在课堂小组讨论中提出的其他问题。

精力旺盛的日子和常规的打破：学生也是人

知道你的情绪和压力大的日子是哪几天，对预测你的容忍程度会有帮助。让学生知道，什么时候你的精力在别的地方，什么时候你不能够容忍愚蠢的行为。

年轻人也有非常大的压力和严重的焦虑。当你了解学生后，你能够更好地知道，什么时候某些学生遇到了不寻常的压力和焦虑，这个时候他们需要更多的倾听和理解。许多学生到学校来的时候带着很重的心理负担，在这种情况下，他们还能来上学，还可以专注于学业，这本身就是一个奇迹。

理解了这点，你就会知道教室里的常规为什么在学期间的某些日子偶尔会被打乱。学生不会每天都有相同的学习动机和精力。在整个学期，学生的精力会不断变化。你可以通过仔细观察和细致规划来预测学生精力的高低变化，这对你取得事业成功和实现个人价值至关重要。学生精力的变化取决于一些因素，包括年龄层次和学校情况等。

- 在每个上学日开始的时候；
- 实地考察、度假或学校活动之日；
- 节日（如情人节或万圣节）；
- 考试日；
- 假期后的第一天；
- 成绩报告日；
- 午餐前后；

- 原教师的离开日或代课教师出现的那天；
- 每年下第一场雪的日子；
- 经历漫长而寒冷的严冬后，终于迎来暖阳的那一天。
- 每天接近放学时；
- 接近放假的每个星期五的下午；
- 学年即将结束的时候。

此外，虽然没有确凿的证据，但许多老教师根据课堂管理的经验，说特别麻烦的日子肯定是那些有强烈的北风或满月的日子。一位教师开玩笑地说，每当有强劲的北风和满月的日子，她就打电话请病假。

怎么样对待学生充满旺盛精力的日子，并没有特定的准则适用于所有教师，适用于所有的情况。但是，这些日子你应当特别注意规划。学生们可能会变得烦躁不安，不受控制。你在执行任务时就应当更加强势，一以贯之，或者对学生比平时更加同情、宽容一点。计划好更容易被学生接受的教学任务，记住，不要暗示学生学习即将停止而让他们玩乐。对教师来说，充分利用哪怕很短的教学时间也比让学生玩乐更有价值。

关键性测试：
不让任何一个学生掉队

全美国都采用更加严格的 K-12 学习标准，同时要求不断提高关键性测试成绩，用以评估学校和教师能否帮助所有学生达到这些标准，这一做法引起教育工作者、家长、政治家和商界人士相当大的争议和强烈反应。一些人认为，对测试的重视意味着将重点放在"为考试而教"上，会牺牲很多有意义的学习，忽视了当前的年轻一代在家庭、社区和社会影响下的学习。然而，为了响应对不断问责的呼吁，不让任何一个孩子掉队，为了获得州政府和联邦政府的资金，或是为了学校的发展、教师和管理人员的岗位，在一些考试成绩不好的学校，教师们找到了多种应对关键性测试的方法。有时，在测试到来前几周，教师放下正规课程，专注于直接帮助学生备考。有时，帮助学生准备测试是日常教学的重点。简言之，教育工作者都在找最能适应学生情况的教学方法。作为一名新教师，学校常常期望你参与这一永无尽头，寻求适合每个学生的最好教育的探索之旅。

让你的课堂与众不同：调适时间、教学法和分组等关键变量

学识渊博者从来都不会说，在教师的课堂上，所有学生都应该在同一时间用同样的方式学习同样的内容。高效的教师几乎每天收集每个学生的数据，根据这些数据调整教学任务，指导每个学生学习和布置作业。为了使学习变得有差异和个性化，你应当每天使用各种各样的指导策略——各种不同的学习分组、项目学习、个性化学习计划、自主学习和导师制。

互联网：
可以提高教与学的质量的宝贵资源

起源于1969年美国国防部的一项计划（称为ARPAnet），军事研究人员建立了计算机网络。由此进化来的联邦资助的互联网，现在已经成为一个巨大的、不断扩大的全球系统连接的计算机网络。由于新技术的不断发展，互联网每天都在变化，一些网站和资源若不更新，就会慢慢消失，一些网站改变了自己的网址，经过重建，以新的形式出现。因此，我推荐以下这么多网址作为教学资源，可能并不合时宜。但是专栏5和专栏6的一些网址是我经常访问的，相信它们对提高你的教学水平会有帮助。

专栏5　可供教师使用的一些网络资源

Council of the Great City Schools　http://cgcs.org，关于城市学校项目和计划的描述

EDSITEment　http://www.edsitement.neh.gov

Education World　http://www.education-world.com，《教育周》电子版

Educator's Reference Desk　http://www.eduref.org，可搜寻ERIC资料库

Encyclopedia Mythica　http://www.pantheon.org/，神话、民间传说、传奇故事

GEM, the Gateway to Educational Materials　http://www.thegateway.org

Global Schoolnet Foundation http://www.globalschoolnet.org/，面向来自全球的父母、教师、学生的学习资源和链接

Middle Web http://www.middleweb.com，以初中为主

PedagoNet http://www.pedagonet.com，学习资源数据库

School Match http://schoolmatch.com，学校名称地址录

Teacher's exchanges：http://www.paciflcnet.net/-mandel/；http://www.teachnet.org；http://www.teachersfirst.com

United Nations http://www.un.org/en

United States Department of Education http://www.ed.gov/

工作满意度：双向车道

在美国，很多新入职的教师在五年内会辞去工作，因此，提高教师工作满意度十分必要。新教师上岗培训方案旨在留住最优秀的新教师。

要做好教师工作，必须投入足够的时间和金钱，重要的是，你做的这一切能让你有成就感，这种成就感让你能够继续走下去，成为最好的教师。本书提供的指导，将助你迈向成功。

弥补工作：坚定，但也要理解

有时学生会缺课，所以没有做作业或错过测验，你应当将迟交作业和错过测试的弥补方案清晰地传达给学生和他们的父母或监护人。

家庭作业

尽管学生的家庭作业是有价值的，但它必须合理、有意义，否则它只会让你和学生（及家长或监护人）关系疏远。例如，让所有学生做相同的作业是没有教育意义的。让一个已掌握该知识点的学生去做20道关于这一知识点的题目，是没有意义的。而且，在很多情况下，学校只以作业完成情况来鉴定学生算不算资优学生。尝试让学生的作业个性化能够让你变得更成功。不管怎样，你要避免让学生做毫无意义的无用功。在给学生布置作业时，问问自己，如果你做这样的作业，你会感觉如何。

迟交作业和弥补的机会

一般情况下，一旦商定或确定了作业提交的日期，在截止日期后提交作业，学生将会被减分或者得0分。但是，有时候，他们确实是有苦衷的。对于每种情况，你应当酌情判断（也不排除一些作业困难户经常迟交作业），虽然建立一套作业迟交应对机制很重要，但是作为专业人员，在施行时应考虑各方面的情况，进行人性化处理。就如我们经常说的那样，如果以平等的方式对待一切不平等，那不是真正的民主。我的建议是,教师应倾听和运用专业知识判断每个学生的情况。

尽管教师经常鼓励学生高质量、及时地完成作业,但有时,诸多原因会导致学生自身并不想努力。也许这个学生无故逃课或者作业写得很差,甚至根本不交作业。尽管批改重交或迟交的作业会增加教师的负担,但是这给学生提供了弥补的机会和时间。出于对一开始就按时交作业学生的公平性考虑,你评分时应该尽量不要给补交作业的同学 A 等级。

> **教学实例**
> **一些高危学生的迟交作业**
>
> 曾经,一个十一年级的学生很多天后才交英语作业,教师接受了作业,并没有给她任何惩罚,尽管之前曾说迟交作业要受罚。原因是要交作业的那周,那个学生做了手术,教师知道她心理压力很大,在此情况下还能提交作业,无疑是积极的行为。如果不接受她的作业,或是严厉惩罚她,那她将会完全放弃努力,甚至辍学。

考试和测验

当学生缺考时,你有以下几种应对方式。

- 允许学生缺考一次,或者在每个评分阶段将考试分数打折。
- 让学生交一篇课后作业或课题报告,代替缺席的考试。
- 让学生选择是补考还是下次考试记双倍分数。当选择补考时,要确保在正常考试结束的一周内补考,除非有特殊原因(比如健康或家庭原因）。

有些时候，学生缺考并不是因为逃课，而是因为参加了学校的其他活动。这种情况下，学生可以在你的另一段教课期间参加考试，之前或之后都可以。如果学生缺席汇报表演式的考试，为一个学生重新组织这样的考试显然不合常理，你可以让其用纸笔考试或其他形式的测试代替。

许多教师经常让学生做测验，有的甚至每天都让学生做。和考试不同的是，测验通常很简短（只占五分钟的课堂时间），还可以巩固知识点。如果一学期的测验比较多，缺考一次对学生最终的考试成绩不会有多大影响。因此，你可能希望避免补测或补考。你可以采用以下三种方式来代替测验。

1. 在考试前可以给予恰当次数的测验，比如十次，但是不要每次都算成绩，十次中八次算成绩，这样方便取得低分或缺考的学生弥补分数上的不足。

2. 第二次检测对缺考的学生算双倍分数。但是，如果这个学生缺考很多次，就失去效果了，这样不妨试试第三条。

3. 对于那些在本单元学习中缺席一次或多次测验的学生，将单元考试分数的比重加大。

未经宣布而进行的测验

有些未经宣布的测验只是为了给分数、算分数，这些测验没有教育意义，只会让学生厌烦，所以我希望测验是为了复习，而不是为了分数。

教学媒介：如果感觉某事可能会出问题，那么它就会出问题

如果需要使用教学媒介，最好在学生到达前就把设备准备好。这样可以避免因开启媒体设备而占用课堂时间。如果你是个外科医生，在手术前连仪器都没有准备好，你的病人就可能因时间拖延而死去。所以，像任何一种职业一样，有能力的教师总是会做好准备工作。

当然，如果仪器损坏，那就不可避免地会耽误时间。请记住墨菲定律：事情如果有变坏的可能，不管这种可能性有多小，它总会发生。用多媒体时，碰到这种事情的概率会更高。你必须提前对这一紧急情况做好准备。应对紧急情况是课堂管理的一部分，备课时你要想好以下几点。

当仪器出故障时，你可以考虑：（1）不要让课堂时间停滞不前；（2）不要让仪器完全损坏；（3）不要让课堂内容失去连贯性。所以，你在仪器坏掉前最该做的，当然是提前计划，以防万一。

准备第二套方案

在脑部手术中，如果病人的脑部血管突然破裂，医生和医疗团队会做好补救的措施。操作机器时，修理工如果发现机器某个部位损坏了，会装上备用零件。如果在教学过程中，一个计算机程序在屏幕上死机，保险丝烧断或其他一些原因，你不能操作教学媒体，你会发现有太多尴尬的时间，那段时间即可以用到备用的教学计划。你可能听说过"B计划"，这是一个很有用的短语，它的意思是，不要浪费

任何一刻课堂时间,在完成相同的教学目标或其他目标的情况下,迅速切换到备用学习活动。如果你是一名新教师,你并不需要每节课都准备两种方案,但是,在准备的课上需要使用媒体时,你要准备替代活动,以防万一。这样,如果媒体出现故障,你就可以指导学生迅速进行替代的学习活动。

熟记：有时是必要的

学生们需要记住很多知识点，甚至不需要理解，直接背诵。例如，要学习一门语言，你必须首先记住字母。要学会吹单簧管，你必须记住指法。要学好数学，你必须记住数字。在化学研究中，你得记住元素符号。字母、单簧管的指法、数字和符号是各式各样的基本工具。在数学学习上，必须先记住一个假设，才能够在此基础上理解其他概念。事实上，所有学科的学习都需要先掌握基本点，才能够深入。

当教学生如何记忆时，下面的指南会有帮助。

- 避免过度记忆。让学生记忆要有目的，让学生理解记忆的目的是什么。
- 如果可能的话，让学生先理解再记忆。有些知识点必须记住，无论学生是否明白，如德语的词序或汉语部首，这些形状似乎没什么意义，但它们是基本工具，掌握了它们，才能继续后面的学习。但是理解某个东西的意义后再背诵，就会容易很多。
- 鼓励学生自己发明或使用你提供的助记符号来帮助组织记忆。助记符号不仅有利于短时记忆，对长时记忆也有益处。常用的助记符号，比如：EGBDF，代表 Empty Garbage before Dad Flips；GBDFA，代表 Grizzly Bears don't fly airplanes；HOMES，代表美国的五大湖泊——休伦湖（Lake Huron）、安大略湖（Lake Ontario）、密歇根湖（Lake Michigan）、伊利湖（Lake Erie）和苏必利尔湖（Lake Superior）。视觉助记符号是有用的，例如，记住意大利的疆域地图是一个靴子的形状。
- 愉快的游戏可以帮助学生记忆。

教学实例

课堂上的游戏和表现不佳的学生

关键性州测试评估让一些表现不佳的学生备受瞩目。这样下去,大量学生可能会无法毕业。一名高中教师研究了一种独特的方式,能让学生集中注意力去学习关键性州测试要求的语言艺术和数学技能。

这名教师在亚利桑那州凤凰城的驼峰高中任职,被分配去管理全班学生都不太可能通过国家毕业考试的特殊班级。这些学生中有相当数量的特殊需求学生和英语语言学习者,他们对学习态度消极,而且还在学习考试不及格的数学和英语课程。

他们精神很萎靡,但当教师告诉他们"收起你们的铅笔和笔记本。今天我们来玩视频游戏"时,他们开始振作起来。无疑,这些游戏在此起了很大作用。教师展示了游戏方法之后,每个学生都专心致志,希望在课堂上玩的视频游戏能获得最好成绩。加辛托,一名很有竞争力的学生玩了几分钟后,大声说:"我打破游戏纪录了。"教师记录了他的成绩,并鼓励他尝试在 100 秒内过关。加辛托接受了这个挑战。

这些学生知道他们在学习数学吗?当然知道。游戏的目的是陈述十个随机函数的取值和值域(例如,$22<y<97$ 和 $x<144$)。学生一旦获得了 A,游戏便会鼓励他在 100 秒内给出答案,获得另一个 A。快结束时,加辛托和其他四名学生在比赛谁的时间最短。当下课铃响了,安娜赢了加辛托 1 秒,但真正的奖励却是他们可以在教学评估测试中顺畅地表达函数的取值和值域。

资料来源:感谢马克·格林伯格(Mark Greenberg)提供本资料,马克现为凤凰城联合校区网络高中教师。

激发性观点：建构你的教学技能

如今的年轻人习惯了电视上的百万美元大制作节目、DVD、街机游戏和电影屏幕。每天他们来到教室，感觉教室里的东西都很廉价，这也难怪他们提不起兴趣。毫无疑问，现在的孩子成长于一个快速消费的时代，这个社会给予了人们速效止痛药、快餐、即时满足感、快速沟通，也许，还有迅速赚钱的工作。每个教师每天在一线工作六个小时，每周五天，要有能力去即兴表演或自娱自乐，虽然环境不是非常理想，但无论如何，你要吸引学生的注意力，然后才能教他们知识。

下面是一些吸引学生注意力的方法，可参见专栏 5 中列出的有关互联网的资源内容。尽管这些方法是根据科目划分的，但对各年级学生都有用。我希望你能够耐心读完。也许学习某个科目的某种方法会激发你的创造力，演变成你学习其他科目的另一种方法，比如多样化学习能力和在数学、社会科学科目中强调文化多样性。

视觉和表演艺术

1. 在某个单元中加入设计环节，让学生发挥创造力，让他们自己设计、构建、装饰一个自己的风筝。组织他们集体放飞自己的风筝。
2. 使用流行音乐歌词，比如用流行音乐歌词做看图填空。
3. 去户外或其他环境里画画。
4. 请社区做壁画的画家来做讲座。准备在胶合板上画一幅班级壁画，或者学校官方允许的其他地方。比如，在宾夕法尼亚州匹兹堡的查蒂斯谷中学(Chartiers Valley Intermediate School)，五年级的学生都需要为餐厅作一幅壁画，这是他们的美术学期作业。另一个例子是密苏里州一所乡村高中的学生在网上与纽约市区高中学生合作,创作一幅真实空间的壁画,庆祝他们两个社区的合作(Stein,2001)。

5. 强调绘画和创作诗歌中融入个人经历的重要性,举一些典型的例子。

6. 研究面具。通过媒体收集世界各地人民佩戴的面具,让学生分辨异同。让他们研究这些面具在不同文化中的意义,设计一个体现自己个性、文化和独特性的面具。

7. 单元学习可以加上创作过程部分,让一个学生先绘制一张草图,然后将草图传递给下一个学生,被传到的学生再添加一些东西。可以要求他"让图片更好看""让图片变丑""让图片变成17世纪的画"和"添加你觉得必要的部分来完成这张图"。

8. 可以这样引导学生:假设你是一只小鸟飞过一个大城市,你会看到、听到、闻到、感觉到、尝到什么?绘制一幅有"感觉"的地图。

9. 将不同的颜色分配给不同的学生。让学生自己决定是使用暖色还是冷色,让他们解释自己为什么选这种颜色,讨论人的情绪和颜色的关联。

10. 观看来自不同国家和文化的舞蹈视频,请学生找出相似点和不同点,并研究某种舞蹈的适用场合和意义。

11. 让学生发现在他们社区使用音乐、绘画和舞蹈的方式。

12. 找一首学生喜欢的流行歌曲,用不同的乐器来让学生记住每个按键的旋律。这使得学生想学歌,在这个过程中,他们将更加熟悉自己的乐器。

13. 每个月找一个周末的早晨举行小型表演会,让学生参与表演,或观看同学表演。提前告诉他们这些"特殊的日子",并鼓励他们准备自己的节目。

14. 一组学生一起玩节奏游戏,如"荷兰鞋子游戏",边唱歌边工作,享受自己的节奏。参与者坐成一个圆圈,唱歌时,每个人根据歌曲的节奏将鞋子传给下一个人,一直到乐曲结束。

15. 将一首节奏感强、幽默的诗歌或韵文改编成一个音乐作品。学生唱诗,你站在他们面前指挥。让学生必须敏感地意识到诗歌的语调、速度、音调、情绪和力度等,即你希望他们在阅读时想表达的一切。

16. 组织退休长者义工计划(RSCVP),让学生和展示民间艺术的老人合作,共创学校和社区纪念艺术品。

17. 让学生组织即兴剧团,脱稿即兴表演短剧,这些剧本涉及一些当代青年的社会问题。

家庭和消费经济学、食品、纺织品

18. 通常,我们喜欢的食物会来源于另一个地方或国外。让学生识别这些食物和他们的原产地。比如意大利面、辣酱玉米馅饼、鸡肉、馄饨、炸玉米饼、乳蛋饼、羊角面包、烧烤、炒饭、比萨饼、热狗、汉堡包、方便面、巧克力、番茄、土豆、英雄三明治、杂碎、雪糕筒、长卷三明治、大三明治。让学生列出这些食物的名称和来源,并将每种食物的图片根据产地贴在世界地图上。

19. 在晚宴、时装表演、实地考察项目或特殊的活动上,给班上同学拍照。设立一本剪贴簿或一个公告板,将这些照片展示于校园内、走廊展厅里或学校网站上。

20. 规划不同主题文化的食品单元,穿上这种文化的服装,播放民族音乐。让学生装饰教室,并邀请校长、校董事会主席、市长来参与活动,让他们品尝食物。

21. 让一组学生绘制图片,内容可以是100卡路里包含哪些基本营养食物,一些没有热量的流行食物,在学校的走廊上展示。同样地,标注一些食品和碳水化合物的含量。

22. 将学生的名字用针绣在他们的衣服背面。学生们面临的挑战是在洗涤时将不同的衣物分类。

23. 组织"焕然一新的一天"活动,让每个学生带来某件物品,这件东西可以让衣服有新的面貌、更舒服的触摸感,或更长的使用期。他们带来的东西可能包括贴花、刺绣、扎染、蜡染、五颜六色的补丁,可以将旧衣服修饰成有创意、时尚的新衣服。

24. 让学生的研究、创造、撰写、排练反映欺诈消费者和盗窃身份题材的现实短剧。

25. 每个月让学生计划菜单、准备食物,邀请社区的老人来品尝。

26. 组织老人和学生在社区花园里一起工作。

27. 在特殊的节假日,组织学生去养老中心,和老人一起装饰、布置房间。

28. 和学生一起计划一个社区服务项目。例如,在华盛顿州温哥华市的探索中学(Discovery Middle School),学生们提供托儿服务,辅导和陪伴幼儿园小朋友、小学生以及一些老年人。

29. 让学生做某个文化项目,感受文化如何影响我们的生活方式,如我们的穿着、饮食、信仰、社交、节日庆祝、交往方式。

30. 让学生计划如何教育学校的其他学生和周围社区的人,增加他们的营养知识,提高他们的锻炼意识。

教学实例

据说不会写作的学生,其实都会写,并且写得不错!
鼓励学生用博客写作

去年,我为补习班的 8 个学生建立了博客。这个班级中的学生在一次或多次五年级学生标准测试中不及格,因此他们不能选修六年级的课,并要参加补习班,以提高他们的阅读和写作技能。这些学生都被认为不会写作。但其实他们不仅可以写,而且写得不错。他们在自己的博客上写了很多。

> 从此我知道,博客是让学生认真对待写作的有力激励因素,在后一个学年,我为120名学生建立了博客。
>
> 鸣谢乔治·梅奥(George Mayo)。欲查看完整的文章,请看：Kellough, *A Resource Guide for Teaching K-12*, 2007, p.297.

英语、语言和语言艺术

31. 让学生与一位长者通信或写电子邮件。

32. 学习"文艺复兴"单元时,让学生创作一幅长卷壁画,描绘那个时代的村庄。小组成员可以分工合作,一些人负责研究风俗、服饰、建筑,另一些人负责绘画。

33. 找一幅州地图或美国公路图,让学生找到那些听起来像外来名词的地名,将这些名称按照来源国家和文化进行分类。他们可以研究这个地方是何时以及如何获得现在的名称的。

34. 用问题帮助学生增进对词性的理解。提供几个盒子(鞋盒即可),内含不同词性的词。每名学生用从盒子中选出的词造句,只有接受罚款才可以放弃造句。学生之间可以互相交换词语,以组成有意义并有趣的句子。学生可以将名词换成动词,但必须牢记句子中的哪些词性必不可少。朗读大家组织好的句子可以使活动达到高潮。

35. 学生可以将美式英语和英式英语单词(或任何其他语种的单词)进行配对,如 cookies(曲奇)和 biscuits(饼干)、hood(发动机罩)和 bonnet(发动机罩)、canned meat(肉罐头)和 tinned meat(肉罐头)、elevator(电梯)和 lift(电梯)、flashlight(手电筒)和 torch(手电筒)、subway(地铁列车)和 tube(地铁列车)、garbage collector(清洁工)和 dustman(清洁工)、undershirt(汗衫)和 vest(汗衫)、sweater

（毛衣）和 jumper（毛衣）以及 gasoline（汽油）和 petrol（汽油）等。让学生比较它们的发音与拼写。

36. 让学生研究和列出一些来自其他语言的英文单词，比如 ketchup（番茄酱，马来语）、alcohol（酒精，阿拉伯语）、kindergarten（幼儿园，德语）、menu（菜单，法语）、shampoo（洗发水，印地语）、bonanza（富矿，西班牙语）、piano（钢琴，意大利语）、kosher（合适的，依地语）、smorgasbord（自助餐，瑞典语）。

37. 在讨论客观与主观比较写作时，教学生描述性写作后，将一个不易描写的对象，如土豆，放在讲台前。让他们写一段描写土豆的话，详细描写其颜色、大小、标记及其他特点，或者说明土豆给他们什么感觉。

38. 给学生讲一个故事，但没有结局。然后，让学生以个人或"思考—写作—分享"两人组（think-write-share pairs）的形式，编写自己的结局或结论，和全班同学分享。

39. 让学生设计一个广告（媒介可以是广播、电视、网络、电影院或印刷品），让他们自己选择宣传方式。

40. 让学生（以个人或两人配对形式）创造一个发明，然后撰写该发明的"专利说明书"。

41. 创建"思考—写作—分享"两人组，让一组学生选择一些知名的公众人物，比如电影明星、运动员、作家、艺术家或音乐家，用语言描述他们，其他学生来猜测这个"神秘人物"是谁。

42. 用一个公告板专门记录世界各地作家的新闻，可以推荐新书、录音带和评论文章。诗人和作家（包括学生作家和诗人）的新闻也可以放上去。

43. 大家都听过或经历过刻板印象。例如，女孩不如男孩有运动天赋；男孩不够感性；女性比男性厨艺更好；男性比女性更机械化。让学生列出他们所听过的刻板印象，包括他们在媒体中找到的例子。让学生讨论这些问题：你们觉得这些刻板印象是如何形成的？刻板印象是否有实用价值？那它们有害吗？

44. 删除报纸上的漫画文字，让学生配对组创作这个漫画的故事主线，或给每组学生一本杂志中的图片，让他们根据图片编故事。

45. 让学生根据报纸和互联网上的招聘启事，完成一份工作申请表，或写一封求职信。

46. 为了帮助学生提高听说技巧，可以使用录像设备记录学生进行雇主和雇员角色扮演的面试，或父母和子女的角色扮演情况。

47. 邀请学生从课文中选择一个简短的故事，将它编成剧本，然后在家庭成员面前表演。

48. 开始诗歌单元的学习前，可以要求学生说出他们喜爱的歌曲的歌词。展示如何将这些歌词划入某一诗歌流派。

49. 让学生分析一些打着环保幌子的商业广告。实际上，这些广告宣传的产品可能损害我们的环境。

50. 让学生分析商业广告影响了人们什么样的情感，它们所使用的技术是什么，它们的整体性如何。让学生对电台、青年杂志、影院广告、网站和其他媒体也尝试进行类似的分析。

51. 改变学习环境，比如让学生到室外写诗，看看周围的变化是刺激还是抑制他们的创造力。分别讨论这些结果。比如，将学生带到一家大型超市、一个购物中心或湖泊、森林、运动体育场开展写作活动。

52. 使用学生所在州的徽章，激发学生概念研究的兴趣，并分析它的历史和各种符号的意义。

53. 学习一门语言或语言技能，练习对话时可使用穿着当地服装的木偶。

54. 让学生通过互联网与远在世界另一个地方的学生沟通。

55. 可以将为学校网站设计页面作为一个小组或班级的作业。

56. 利用戏剧帮助学生发展语言艺术和思维能力。让学生写对话，设置场景，用语言和手势沟通感情。

57. 为社区提供免费的看书识字服务项目。例如,田纳西州的格林威尔高中(Greenville High School)的学生充当了当地一所小学的学生导师,帮助孩子们发展他们的阅读理解能力,辅导内容包括课外学习材料和课本;伊利诺伊州的厄巴纳高中(Urbana High School)的学生被培训给当地一所小学在读学生进行一对一的辅导。

58. 在加利福尼亚州的圣托斯小学(San Altos Elementary School),一名教师用数码相机拍下了学生们在课堂上表演课文情景。她把照片做成幻灯片,并要求学生用语言描述自己的行为。通过这个活动,孩子们可以创建他们自己的课本。

59. 让学生看一个5—10分钟的电影片段,然后让他们为其中一个特定场景写一个电影脚本。

60. 来自亚利桑那州一所学校的一年级学生与俄亥俄州托莱多(Toledo)内城二年级的学生参加课外活动,成为笔友,这个经历不仅提高了他们的写作语言艺术,也增进了他们对不同城市和州的认识(Lemkuhl,2002)。

61. 让学生创造和收集一系列的回文单词、句子或数字(顺读和倒读内容一样)。例如 Ava、Otto、naive 和 Evian、2002。

数学

62. 与学生合作策划一个角色表演,让他们扮演太阳系。学生可以建立一个比例系统,计算星体的重量,找一个大场地如足球场作为模拟的太阳系。作为活动的高潮部分,学生可用自己的身体来表示太阳、行星和月亮。可以通知当地媒体来报道这个活动。

63. 鼓励学生寻找斐波那契数列(Fibonacci number series,又称"黄金分割数列",即 0,1,1,2,3,5,8,13,21 等)的显示证据,数学学科内外部的都可以,比如在大自然中,或者人工制造的物品中。从下面几个例子可以找到证据：钢琴键、花瓣、精子和卵子。也许你的学生可能想组织一个斐波那契俱乐部，那么可以通过互联网帮他们与世界各地类似的俱乐部建立联系。

64. 让学生研究美国历史上经典邮票的成本，要求他们想方设法预测他们毕业那年的邮票价格，他们成为祖父母时的邮票价格，或其他一些特定年份的邮票价格。

65. 为学生提供钢琴上 88 个键的使用频率（当地音乐商店可提供这一信息）。让学生推导出一个公式，来表达琴键位置和使用频率之间的关系。在他们计算出公式后，告诉他们贝森多夫钢琴（德国产）有九个多余的按键在键盘下端。看看学生能否预测这些额外琴键的使用频率。

66. 用光传感器测量来自不同距离的光源的强度，让学生记下数据点，画图，然后在科学计算器的帮助下，找到有关方程。

67. 学生可以报名参加降落伞创作大赛。使用塑料垃圾袋、弹簧，把发夹当作跳伞运动员，让学生设计一个降落伞，使之表面积最小，但在空中停留时间最长。

68. 创建一个服务学习项目。例如，华盛顿州艾尔威海兹（Airway Heights）的日落小学除了培养学生的领导能力和交流沟通能力外，还培训学生教导其他孩子学数学。

69. 与作为同学教练的学生一起教学生下棋。在家庭作业中，可让他们将象棋和数学理论、概率结合起来。与艺术店的师傅合作，让那些感兴趣的学生自己制作象棋盘和零部件。

70. 请学生进行调查，绘制学校操场地图。

体育

71. 要求学生选出自己崇拜或最不喜欢的一名（或两人组合）著

名运动员。写一页关于这名运动员的报告。学生会将这名他们欣赏（或不喜欢）的运动员的特性、性格和他们对此的感受交代清楚，这样，他们可以发展（或避免）这些素质。将这些作业收齐展示后，设计两个列表，一个列表列出大家都钦佩的特点，另一个列表列出大家都避免的特性。

72. 让学生进行小组合作学习，根据自己喜爱的音乐节奏创作一套广播操，并和大家分享，讨论他们是如何选择的。

73. 将你的班级分成小组。教会他们基本的原地动作技能，让每个组做一个"机器人"。让小组内的每个学生展示原地动作技能，在原有基础上加上一些动作或某种声音。决出最有创意的机器人小组。

74. 让学生自己设计一套平衡操进行比赛，在两个平衡木上的动作必须包括身体前屈、前翻滚、跳跃、低转或高转、身体晃动、滑步、支撑下落。这套动作会被张贴出来，显示各种不同运动方式。

75. 将全班学生分成几组，给每组某件健身器材。让每组学生用他们的健身器材创建一个新的游戏或活动。让全班学生玩他们新创的游戏，但同时也要注意学生的安全。

自然科学

76. 让学生发明并测试科学工具或材料，比如显微镜，观察两端都浸了水滴的竹茎细胞，或蘸了石蕊指示剂的花瓣。

77. 记录周围环境的声音，比较白天与夜晚的声音，秋天与春天的声音，大雾天与晴天的声音，繁忙的商场与住宅后院的声音，独幢住宅与多层住宅的声音。让学生根据这些声音写散文、诗歌，或创作音乐。

78. 获得校方批准后，在成人的监督下，可以规划一次野营活动，让学生在小岛上过夜，只允许带睡袋、衣服以及其他必需品（水），不能带电子产品。教师要带一个手机,以防意外。

79. 让每个学生或每组学生做一个为期一年的项目,必须从这个项目中学到一些科学知识和技能。项目的汇报必须包括五部分:视觉内容、口头汇报、书面汇报、项目的艺术性和创造性。

80. 让学生识别和使用社会关系,如房东与租户之间的关系,创建一个角色扮演活动,可以模拟捕食者和猎物的关系。

81. 在第一节自然科学课上,给每个学生一试管的孔雀鱼、一株三英寸的盆栽仙人掌。告诉学生如果要通过最终的考试,他们的孔雀鱼和仙人掌最后一周都还必须活着。

82. 如果你是一位生命科学教师,确保你的课堂充满生气,而不是死气沉沉。

83. 让每个人都扮演一个细胞,让学生表演细胞受到刺激时的反应。

84. 将你的班级分成小组,并要求每组创造一个虚拟环境,这个虚拟环境是用丢弃的物品组成的。通过提问,让每个小组了解其他小组的神秘环境是怎么创造的。

85. 让一两个学生"认领"一种化学元素。让学生研究这种元素,每次讨论某种涉及这个元素的物质时,他们就成了这方面的"专家"。可以在班级内设置一个特殊的公告板,搜集有趣的或鲜为人知的相关元素的故事。

86. 牛奶可以沉淀和分离,还可以通过干燥形成非常坚硬的物质。这一坚硬的物质可用于制作按钮。让学生做一颗自己的牛奶按钮。

87. 找一个跨学科的团队项目,获得"认领"湿地的权利,或参与其他一些环保项目,地点位于学校附近。

88. 帮助学生了解日常用品的组成成分和制作材料。例如,普通的铅笔是由太平洋西北岸森林里的雪松木制成的。石墨往往是来自蒙大拿州或墨西哥,并加上佐治亚州和肯塔基州的黏土。橡皮由大豆油加上南美洲树木的胶乳，并掺杂加利福尼亚州或新墨西哥州的浮石；其中还有硫、钙、钡。金属板的成分是铝或黄铜，其中还有从美国几个州和加拿大几个省开采的红铜、锌。木材漆和使它发亮的发蜡，是由各种不同的矿物和金属制成的，黏合木材的胶水也是如此。

89. 让学生设计一幅海报挂在教室墙壁上，对一些与生活中典型意思不一样的科学名词进行解释，比如"theory"。

90. 为了弥补文化上的差异，让学生将设计的海报挂在教室墙壁上，海报内容是关于民族科学和正式科学的潜在差异，如视点或观点的差异。

91. 和你的学生一起规划一个社区服务项目。例如，布罗德斯的粉河县学校（Powder River County School）的学生认领了一个社区花园，为有需要的人士每年进行一次食品展会。在蒙塔古（Montague）的大瀑布中学（Great Falls Middle School），学生研究和制作了关于能源主题的电视纪录片。这个短片在当地的有线频道播出后，提高了学校和社区的能源意识。在密西西比州鲍德温中学（Baldwyn Middle School），学生美化和护理了当地的战场和博物馆，宾夕法尼亚州霍利迪斯堡（Hollidaysburg）地区的高中学生清理和修复了当地的墓地。

92. 有时某个项目一开始只是短期的小项目，经过持续的努力，也许就会变成长期项目。例如，在印第安纳州斯科特斯堡（Scottsburg）W. H. 英语中学，刚开始只是一门科学课程的项目，慢慢发展成为中西部地区最大的动物避难所。另一个例子，在华盛顿州的瓦吉卡姆县（Wahkiakum County），当地高中学生参加一个跨学科项目，这个项目包括栖息地恢复、鲑鱼孵化场和溪流修复、植树，以及哥伦比亚河河口翻新，该河口是历史悠久的刘易斯和克拉克探险远征的最后一站。

93. 让学生研究和制作电视纪录片，主题是关于能源或健康。为了提高学校和周围社区的能源意识或相关的健康素养，本地电视频道可能愿意播出这个纪录片。

94. 在他们学习"原子理论"这课时,让学生阅读和讨论赫西(J. R. Hersey)的《广岛》(*Hiroshima*)(Random House,1989)。

95. 让学生询问附近的动物园或爱护动物协会(SPCA)、植物园或商业看护所有没有保护动物或植物的贷款计划。

96. 让一组学生研究互联网上或图书馆里关于檄树(morinda citrifolia)的报告。

97. 让学生玩不断摇摆的玩具,探索力和运动(Foster,2003)。

社会科/历史

98. 邀请学生编写并表演与青年相关的社会问题的短剧。在学校大型活动中、家长会上或社团活动中表演这个短剧。

99. 与学生合作开发一个长达一年、分三阶段的项目。第一阶段研究的问题是"我是谁",第二阶段研究的问题是"他们是谁",第三阶段研究的问题是"我们是谁"。

100. 建立一个跨年龄互助小组,让学生与老人携手合作,为这两个群体创造一个更美好的社会(MacBain,1996)。

101. 启动一个服务型学习项目,让学生在较长的一段时间内直接与社区组织或协会合作。例如,在哥伦比亚实验小学,低年级的学生在当地医院做绘图工作,四五年级的学生会采访年长者,探索他们的背景经历。圣马修斯(St. Matthews)的约翰·福特中学将宪法权利委员会的"城市青年"计划加入课程,让青年提出一些社区改进的建议。

102. 在"古埃及"单元的学习过程中,邀请学生创造和建立一个自己的金字塔模型;科学课上,学生们可以学习研究一些简单的机器,帮助他们建造自己的金字塔。

103. 让学生计划他们将如何改善生活环境,从课堂环境开始,然后到学校环境、家庭环境、社区环境、州环境、国家环境乃至全球环境。

104. 让学生写一篇关于社区内某个区域发展或变化的图文并茂的说明类文章,如一个主要的拐角或离学校较近的某个街区。这个研究项目可以持续多年,会对社会、政治和经济产生影响。

105. 小组学生或整个班级共同做一个项目,构造一个代表社区的模型。

106. 启动关于民间英雄的调查。每年都问学生:"对于生活在某一特定年代的突出人物,你最欣赏或最不欣赏的是谁?"收集每个人对问题的回答,对结果进行总结并讨论。在你做了几年这项工作后,不妨与大家分享和讨论这些项目这些年的调查结果。

107. 与其他地区或国家的某所学校相似的班级结成兄弟班级。

108. 在学习美国"西进运动"的内容时,让学生进行角色扮演,模拟一个19世纪家庭的西迁。他们会带哪些东西?他们会腾出什么东西,让马车减轻负荷?他们会在哪里停留和安顿下来?或者他们会不会停下来,转身回到他们的起点?他们做决策时会考虑哪些问题?

109. 让学生收集特定历史时期的音乐、艺术作品或田径记录,将之与今天的音乐、艺术或田径记录做比较,然后预测未来的音乐、艺术或田径记录。

110. 利用玩钱游戏,在你的教室内建立一个资本主义经济体系。工资根据考勤支付,表现好时发放奖金。税收可以用来扶贫,这样可以建立福利系统。

111. 将你的班级分成几个小组,要求每个小组对世界各国政府、世界地理、世界社会问题、世界卫生、世界能源或其他一些相关主题的未来发展做出预测。让每个小组做报告,进行辩论和讨论。在学校管理层的指导下,将这些关于未来的预测埋藏在校园的一些秘密地点,将来可以翻出来阅读。

112. 在学习"美国宪法"单元时,可以让学生设计自己的课堂"权利法案"。

113. 在课堂上用不同的态度对待班级学生,比如第一天将他们看成处于社会主义社会,第二天将他们看成处于法西斯社会,第三天将之看成处于共产主义社会等。在模拟结束时,让学生讨论和比较自己每天的感受和想法。

114. 使用乐高积木或方糖做建筑砖块,给学生分配角色,让学生模拟建造中国长城。

115. 在伊利诺伊州艾迪逊市的步印初中(Addison, IL),所有八年级学生社会科教师与英语、数学、物理、教育、科学科目的教师一起工作,建立"真实世界"。这是一个基于社会问题的项目,名为"督察红丝带单元"。该单元主要关注真正的社会问题——毕业舞会之夜的汽车事故。

116. 建立一个爱心计划或反暴力计划。例如,佛罗里达州林恩避风港(Lynn Haven)高中的学生,作为辅导教师/导师帮助、辅导当地小学生,这样,两个学生群体的自信心都得到了提高,自我价值得以实现。

117. 在一个跨学科的专题学习单元(如欧洲中世纪时期的历史和文学),让学生研究和建立一个城堡模型。

118. 在教师的指导下,根据基于格拉瑟的选择理论、现实疗法以及他其他著作的思想的通用哲学方法,威斯康星州拉克罗斯的朗费罗中学(Longfellow Middle School)八年级的学生设计和建造了自己的"中学国家"(Frost, Olson, & Valiquette, 2000)。

119. 在加利福尼亚州戴维斯高中(Davis Senior High School)的美国历史课上,学生们要做一项这样的作业,标题为"创造一个候选人",研究在加利福尼亚州早期历史上关于进步主义运动的电子媒介和印刷媒介。搜集一个1910年的州长候选人需要解决的有关问题。

学生要创建一个虚构的候选人。他们的展示必须包括：（1）选举海报；（2）一句竞选口号；（3）必须唱的主题曲；（4）一个五分钟的演讲，包括拟解决的问题、方案和竞争对手的立场。

120. 在学习"美国宪法"的过程中，让学生组织一场有关当前问题的讨论，例如枪支管制和公民权利。

121. 启动一个服务学习项目，让学生在一段时间内直接与一个或多个社区组织一起工作。

122. 与其他班级合作，邀请你的学生设计和实施一个全校性的冲突解决方案。

123. 如果你教的是小学生，每天做一次总结；如果教的是中学生，让学生每周做一次活动评价或表扬一名同伴。

124. 让学生设计和研究从其他国家来到美国的学生与学校文化或社区文化的融合度。

125. 让学生查找资料，讨论抄袭和版权问题。

专栏6　关于教学理念的网站

综合性的

- Global School Net　http://www.globalschoolnet.org
- globalEDGE™　http://globaledge.msu.edu
- PBS Teacher Source　http://www.pbs.org/teachersource
- Teachers Helping Teachers　http://www.pacific.net/~mandel/index.html
- Teachers Net Lesson Bank　http://teachers.net/lessons
- Education Northwest　http://www.educationnorthwest.org

艺术课程

- World Wide Arts Resources　http://wwar.com/

环境问题

- North American Association for Environmental Education http://www.naaee.org
- World Bank's site http://www.worldbank.org/

历史/社会学科

- Albert Shanker Institute http://www.shankerinstitute.org
- Best of History Web Sites http://www.besthistorysites.net
- The Choices Program http://www.choices.edu/index.cfm
- Civics Online http://civics-online.org
- Facing History and Ourselves http://facinghistory.org
- Mexico Online http://www.mexonline.com
- National Council for the Social Studies http://www.socialstudies.org

语言和文学

- Literacy Matters project http://www.literacymatters.org
- ReadWriteThink http://www.readwritethink.org
- Second language learning http://www.sdkrashen.com
- WritingFix http://www.writingfix.com

数学

- Fun Mathematics Lessons http://www.math.rice.edu/~lanius/Lessons
- Math Archives http://archives.math.utk.edu
- Math for Elementary Teachers http://www.mtlakes.org/ww/tech/webtools/math.htm
- MathSource (Wolfram) http://mathsource.wri.com
- PlaneMath http://www.planemath.com

科学和健康

- Centers for Disease Control and Prevention: National Center on Birth Defects and Developmental Disabilities http://www.cdc.gov/ncbddd
- Dive and Discover http://www.divediscover.whoi.edu
- National Institutes of Health http://science.education.nih.gov
- National Institute on Alcohol Abuse and Alcoholism http://www.niaaa.nih.gov
- Stanford Solar Center http://solar-center.stanford.edu
- Windows to the Universe http://www.windows.umich.edu

学生文章发表

- New Moon (for girls ages 8 - 14) http://www.newmoon.org
- What If (Jot Canadians) http://www.whatifmagazine.com
- Word Dance (for grades K - 8) http://www.worddance.com

书面作业：如何避免埋在成堆的学生作业里

一些新教师经常面临的难题是不得不把自己埋在成堆的学生作业里，给学生批改作业，所以备课的时间越来越少。为了防止这种情况发生在你身上，请考虑以下建议。

尽管我相信，如果有充足的时间，教师应该自己阅读学生的所有作业，但是可以根据作业布置的目的，进行不同程度的检验和审核。如果布置作业的目的是学习、理解和实践，你可以让学生自己评价，或者采用同伴检查的方法。在学生自我评价和同伴检查时，你可以在教室内走动，检查他们的作业，并记录学生是否做了作业。检查后，你可以将他们的作业收上来，快速地浏览并记录。学生自我评价或同伴检查不仅减少了教师的工作量，还有其他优点：(1) 它可以让学生看到和了解自己的错误；(2) 鼓励有益的同伴对话；(3) 可以帮助他们发展自我评估的能力和实践标准。如果作业的目的是评估专业技能，那么这些作业只能由你来阅读、标记和打分。

教学掠影

真正有见识的人，不会说教学是容易的

萨拉是一名六年级的教师，她在得克萨斯州一个中等大小城市的一所低社会经济背景的学校工作。她的 34 名学生中，有 10 个不怎么会说英语，还有 8 个已确定有学习问题，很多学生的阅读和理解能力连小学低年级的学生都不如。每周，萨拉都通过回收报纸和销售零食赚钱，帮助学生进行实地考察，因为学校和孩子们无法支付这项费用。她的工作日通常是这样的：早

> 上 7:00 上班,有三个家长面谈。学生陆续到校,8:15 正式上课。上课一直持续到下午 14:45,然后萨拉辅导几个学生到 15:45,接着会有更多的家长来访。下午 18:00,她先将当天的教学数据输入学校电脑,然后才回家。晚上,她会在睡前备课,给学生批改作业,这需要两个小时。

运用同伴检查应注意的事项

同学之间相互检查有时候会有问题。在检查过程中,学生可能会花更多的时间关注给他批改作业的人怎么批改自己的作业,而不是关注自己将要批改的作业,这会让他们看不到或不清楚自己的错误在哪里。

隐私问题也许是一个更大的问题。当学生 A 知道学生 B 作业上对的地方或错的地方,作为检查者,他可能会让学生 B 产生情绪上或社交上的尴尬。同伴检查的作业应该是帮助同学更好地编辑故事或开展研究项目,给出内容和语法方面的相关建议,而不是打分和标记正确或错误的答案。为了保护学生的隐私,应避免使用让同学互相评分的方法,因为嘲笑和尴尬不利于建设一个积极、安全的学习环境。

家长或监护人的联系和参与：
不要忽视任何一个家长或监护人

当父母或监护人到孩子的学校参与他们的学习活动时，学生会学得更好，取得更好的成绩，教师对教学的体验也会更加积极。意识到这一点后，越来越多的学校正在寻找新的和更好的方法，让父母、监护人甚至祖父母参与孩子的学习。

有些教师会主动与父母或监护人通过电话或电子邮件取得联系，尤其是当学生在学业成绩或课堂行为上突然有变化的时候。家长通常很欢迎教师主动联系他们，并可能因此与教师进行会面。通过电话联系孩子的父母或监护人通常更方便，这样可以节省宝贵的时间。

我坚信，向父母或监护人传递孩子的好消息是十分有价值的，你应当使传递好消息的频率比传递坏消息的频率高。传递好消息不仅有利于你自己的精神健康，也会给学生和他们的父母或监护人带来欢乐。

也可通过信件联系家长或监护人。写信让你有时间去思考，让你的想法和关心的问题更加明确。可以让家长通过信函告知你一个方便通电话的时间，或安排与你会面。关于后者，你可告知家长你的学校电话号码和电子邮件地址，但最好不要给你的家庭住址或电话号码。

价值观差异：避免盲目论断

你看待来自不同文化的人的方式，将深深地影响你的工作方式，也会影响你对待来自不同文化的学生及其家庭成员的方式。如果要在工作上取得成功,你应当开明地看待文化差异,应当尊重并平等地对待那些来自不同文化的人,无论你意识到他们与你有多不同。请记住,你的最终目标只是帮助学生学习,让他们在生活中取得成功。

家长会和学校开放日

每个学期会有各式各样的家长会与学校开放日,新教师对此会有些手足无措。但事实上,这只是检验一下你的工作,同时你还可以寻求家长的帮助。

美国的学年回校夜是父母或监护人来校与孩子的老师见面的晚上。家长们来到学生的宿舍,然后体验他们的子女在校的生活;他们以班级为单位,来见见每个科目的老师。美国的春季有一个学校开放日,父母和其他成年监护人可以有更多的时间与教师单独交谈,虽然开放日的主要目的是为学校和教师的工作以及进步的学生进行庆祝。在整个学年,会有很多机会让你和家长或监护人谈论他们的孩子。如果家长会需要语言翻译,不要犹豫,赶紧找一个。

在美国的学年回校夜,家长们希望尽可能多地了解自己孩子的老师。你会在很短的时间,比如十分钟内,遇到一堆成年人。在会议上,你为他们提供课程教学大纲(如果你是一名高年级教师)的副本,做一些简单的自我介绍,讨论一下班级问题或课程、你对学生的要求和期望,以及希望父母或监护人提供哪些帮助。

尽管父母提问的时间很短,但这非常珍贵。在你的介绍过程中,家长会很高兴知道你有精心策划的课程,是一个负责任的教师,能欣赏他们的兴趣,并欢迎他们的询问和参与,会与他们沟通。

具体来说,家长或监护人会希望了解你的课程目标,有没有长期的项目,什么时候进行测试,是否会有定期检测,你将怎么给学生评分。他们会想知道：你对他们有什么希望，有没有家庭作业；如果有的话，他们是否应该帮助自己的孩子完成作业；他们如何才能联系你。你应当试着预测家长会问的问题。你的校长、学科组长或同事可以帮助你预测和准备这些问题。当然，你永远无法准备到所有的问题。只要保持冷静，避免心慌（或至少看上去是平静的），10分钟很快就会过去，家长或监护人会确认你是一个有掌控力的教师。

最后，假如你正在和你班级的学生进行交流，这时家长或监护人提出了一个问题，你不知道答案，不要装模作样地表现得很懂。遇到这类情况，你可以说："我不知道，有没有人可以帮忙回答？"你也可以告诉家长或监护人一旦你找到答案，会立刻告诉他们。

会议

当你要和家长或监护人召开会议时，你应该尽可能具体地向他们说明他们的孩子在你班级的进步情况。而且，要再次感谢他们的关心，感谢他们的理解。不要说些没用的信息。绝对不要说太多废话。给一些时间让家长或监护人提问。你的答案要简洁，不要将你的学生与其他学生进行比较。对于家长提出的问题，如果你没有答案，告诉家长你会尽力寻找答案，一旦找到答案，会立刻和他/她电话联系，并且要说到做到。你要保留一些学生的作品，这样你就可以在父母或监护人会议上展示，并进行讨论。另外，可以将成绩打印出来并放在身边，但要防止家长看到除自己孩子外的学生的成绩记录。

有时，三方会议也很有用。参加会议的人员可以是家长或监护人、学生和教师，或者家长或监护人、校长或心理咨询师以及部分或全部学生的教师，尤其是新教师。你肯定希望家长会的现场有一位管理层人员，不要犹豫，就这样去安排。

一些教育工作者倾向于以学生为主导的会议。但是，像所有的教育创新一样,学生主导的会议有其局限性,其中最重要的也许就是时间控制问题。

应对愤怒的家长或监护人

对任何教师,特别是对新手教师来说,应对愤怒、有敌意的父母或监护人是可怕的。不要犹豫,直接向校长提出,希望他能够出现在你与这样的父母或监护人的会议上,这将让你感觉好一些。以下段落是针对应对有敌意的父母或监护人的指导。

在讨论过程中保持冷静,让父母说出他们为什么有敌意,这段时间内你少说话,通常情况下,你说得越少,情况就越容易好转。你说的内容必须是客观的,重点放在孩子在你课堂上的表现。有些家长有可能只需要发泄情绪,这些与你、学校、孩子都没多大关系。

不要被吓倒,尽量少采取防御性的措施,或口头反击。如果家长批评你的性格,不要立刻回复。也许家长指出的这个缺点值得你花时间思考,你可以一个星期后再与这位家长安排会面。在会面时,如果家长同意,你可以带一个中间人,比如你教学团队的一位成员、管理层人员或心理咨询师。

避免谈论其他学生,将对话集中在这位家长的孩子的进步上。学生家长不是也不应该是你的敌人。教师和家长共同关注孩子的学习发展和情感培养。尽你所能去进行批判性思考,去解决问题,将讨论集中在识别问题、定义问题上,然后决定如何共同去解决它。为此,你可能需要从第三方,如孩子的学校心理咨询师处寻求帮助。若家长或监护人同意,请主动联系孩子的心理咨询师。

学校政治：最好远离是非

有时候，因为学校员工哲学观的差异、权力斗争和政治紧张局势，新教师可能会遇到除课程和学生行为之外的很多其他问题。我的建议是：尽可能快地发展一个社交网络，包括在学校内支持你的同事和在学校外给你指导的朋友。尽量避免政治问题和权力斗争。作为一名新教师，你不可能有那么多的时间、精力参与其中。

加入一个专业组织

现在，一般学科、特定学科的专业组织以及地方的、全省的、国家的专业协会越来越多，这些协会运作的项目、出版的出版物、提供的服务对新教师很有帮助。大多数协会都有自己的网页。我认为作为新教师，你的资源并没有那么丰富，你可以仔细调查，然后选择并加入一个专业协会，相信这将给你提供帮助和支持。不过，假如你还是一个大学生，你的入会申请通过的概率可能没有那么高。

保护学生和你自己：
责任、安全与安保事务

你需要知道一些潜在的责任和可能会出现的安全问题，比如接送学生，允许他们进入你的家，或单独与某个学生会面。为了防止出现问题，避免做上述任何事情。

为了更好地保护学生和你自己，你必须了解公立学校教学的法律准则、教师和学生的权利，警惕潜在的安全隐患，并了解在紧急情况下，你可以或不可以做的事情。以下是一些简要介绍，你可以向经验丰富的教师详细请教，或者阅读此类书籍，参加类似主题的研讨会。

学生的权利

学生应该了解自己的权利。学校对此有告知义务（很多学校为学生提供关于他们自己权利的出版物），并应鼓励学生向校长或指定人员举报任何涉嫌侵犯他们权利的行为。

你可能知道，联邦法律禁止任何人歧视残疾人，或基于种族、肤色、国籍或性别歧视任何人。学生在学校的各个方面必须被同等对待。这意味着，例如，教师在有奖问答游戏或其他任何活动时，不能偏袒男生或针对女生。此外，任何教师、学生、管理员或学校其他员工都不能性骚扰学生（例如，过度亲密地说话或接触）。学校和课堂气氛必须充满信任和尊重。

教师的责任和保险

你所在的校区会为你提供一定范围的保护，使你免受人身伤害指控（例如，指控你由于疏忽大意使得学生在学校或学校赞助的活动中受伤）。但是，你可能想要知道你的民事侵权的责任范围（即你的错误行为的范围）。你会发现，你的校区所提供的那些责任保护范围是不够的。因此，你可以通过私人保险代理和更大的国家教师组织增加一些责任保险。

教师有时会在实地考察等校外活动时使用自己的私人汽车。在你用私家车运送学生或由成人志愿者开车运送学生之前，你应当询问你的保险代理人，你是否有足够的机动车辆保险责任范围可以做这件事情，需不需要任何书面免责许可。我的建议是，避免用自己的车辆运送学生。

然而，不可避免的是，教师会将个人物品带到学校，比如钱包、相机、CD播放机等。学校的保险不太可能涵盖你的个人物品被盗或被损坏。房主或公寓承租人的政策可能会包括这些。我的建议是，不要带贵重的个人物品到学校。而那些你必须随身携带的物品，比如钥匙，要好好保存，避免放错地方、丢失或被盗。

虐待儿童

儿童虐待是政府十分关注的一个严重问题。虽然身体虐待很容易被检测出来，但其他的虐待（例如，近亲乱伦、营养不当、穿着不当、没有人照顾患者、牙科护理不足）一样很严重。在美国所有州，法律都规定可以举报任何涉嫌儿童虐待的行为。举报不需要出具证明，若有怀疑，请立即举报。

如果你课堂上的学生涉嫌被虐待，他们需要安全感，不被其他学生排斥。同时。你可以联系当地学区、州教育厅或附近的儿童保护服务（CPS）机构的专家，以获取更多信息。

急救及药物

学生发生意外并受伤,这种事在学校时有发生。比如,做科学实验时,学生被几乎无色的火焰灼烧;上英语课时,当教师想打开卡住的窗户,学生却被掉落的窗玻璃割伤;课间休息时,学生们在操场上追逐,直直地摔倒在干涸的喷泉喷头上;在赛场上,学生可能被球击中;一名学生将另一名学生的座椅抽出,导致后者手臂受伤。你知道在你的监管范围内,遇到学生受伤时应该做什么吗?

首先,你应该只在需要保存受伤者的肢体或生命时实施急救。当受伤者的生命或肢体没有风险时,你应该参照学校政策,立即送学生去接受专业的护理。当即时的专业护理不可实现,而此时你觉得急救是必要的,那么你可以采取谨慎的行动,把自己当作该学生的父母或法定监护人。但是,你必须始终持谨慎态度,并清楚自己在做什么,不要引起进一步的损伤。

除非你是持证的专业医疗人员,否则你绝不可以给未成年人开药,无论是处方药还是非处方药。如果学生个人需要拿药,应该从家里带家长的书面许可和证明。学生可以在你的监督下,或学校护士(如果有的话)的指导下吃药。

记录:规划是通往成功之路

如果你不是一个有规划的人,那么尽快变成这样的人。如果有必要,找一个很有规划才能的同事,向他学习。

记录的保存

你必须保存规划良好和完整的学生成绩记录。你可以用书面记录本或电子记录册。这些记录至少应包括出勤和迟到的记录、测试成绩、作业、项目和其他作业成绩。此外,我劝你保持一份书面记录的副本,记录一些与家长和学校工作人员(例如,学校管理员、心理咨询师或学校护士)沟通的情况。

最坏的梦魇

保持记录的原因之一是,如果你被学生指控有不当行为时可以为自己辩护,学生也许是在报复你。下面是两个最近的案例,都涉及一名新教师和一名八年级学生。

一名男性新教师被一名八年级女学生指控性骚扰,另外五名女学生也加入了指控,说他长时间盯着女学生看。发起指控的学生一周前被这名教师抓到在测试中作弊两次。她还在日记提到这名教师,说:"让我们打倒这个笨蛋。"虽然他翻出记录文件,与校长、那个女孩的父母会谈,很快解决了这件事,但是对这名新教师来说,这是让人焦虑和不安的经历,并让他对是否要继续从事这份职业感到不确定。

在另一种情况下,一名教师指责一名八年级学生伪造家长签名。为了报复,该学生在作业本上写道:"他该被赶出学校。"学生的家长打电话向校长投诉,声称这位教师不公平地指责他们的儿子不诚实。在与校长和学生家长会谈时,该教师道歉了,解决了这个问题。但是由于这件事情,他失去了与这个班级的和谐关系。教师的底线是:不要指责学生有欺骗行为,除非你有充分的证据。

可靠性：好教师是可靠之人

不要承诺你不能完成的任务。你要想成为一个可靠的人，就认真履行专业职责，兑现承诺，表里如一。如果一个教师被认为不可靠，就会很快失去学生（以及同事、管理人员和家长）的信任。不可靠的教师是一个不称职的教师。而且，无论什么原因，长期脱离教学工作的教师，被认为是高风险的教师，濒临离职。

工资：不是很高，但比较稳定

有时，新教师因为看到自己的起薪，对自己的职业选择幻想破灭，因为这点薪水连维持自己的生活都不够，更别说养家糊口。不幸的是，有一些需要供养家庭的教师有可能在月初就花光教学收入，这会减少教师奉献给教学的时间和精力。

新教师的工资虽然不是很高，但收入会很稳定，每个月初都能拿到工资。而且，工资会在整个职业生涯中不断增加。你的职业可以做 30 年及以上。教师很少被裁员或解雇，除非严重不称职。此外，许多教师都能够通过其他任务获取一些其他收入，比如暑期或短假期教学或其他与学校相关的任务。

幽默感,智慧的行为:请一直微笑

学生欣赏幽默的教师,喜欢和他们一起笑的教师,并可以从这样的教师身上学到更多。适当的幽默(不是那种自嘲或不尊重他人的幽默)对学习和生活有积极作用,能减少脉搏跳动次数,舒缓焦虑、紧张情绪和压力,分泌更多的内啡肽,增加血液中的氧含量。幽默和笑声还可以提高免疫系统的活性,并减少压力产生的荷尔蒙。它会让身体的天然细胞攻击并杀死肿瘤细胞和病毒的活性增加。它可以激活免疫系统的 T 细胞、抗体,打击有害微生物、γ 干扰素、激素,调节细胞的生长。幽默使我们放松,帮助我们保持健康,并鼓励创新,激发更高层次的思考。幽默是一种智慧的行为,应该培养和珍惜。

课堂小插曲

幽默情境:一个被错过的教学时刻

当艾米莉在背诵时,她因为感冒,喉咙不是很舒服,有些字词发音不准。老师开玩笑地说:"没事,艾米莉,有一只青蛙在你的喉咙里(you must have a frog in your throat)。"一个来自乌克兰的新学生玛丽亚问道:"艾米莉的喉咙里怎么会有一只青蛙?"老师没有理会玛丽亚的问题,继续计划中的课程,非常可惜地错过了这个宝贵的教学时刻(对于来自其他文化背景的学生而言,在具体情境下学习语言是非常好的方式。这位教师如果趁机解释"have a frog in sb's throat"是一个习语,是"喉咙疼,说不出话"的意思,就可以很好地帮助提问者理解和学习这个习语——译者注)。

学生成就：考核、等级鉴定和成绩报告的重要性与责任

学生的发展包括三个重要部分：认知、情感和心理运动的发展。传统客观的纸笔测试只提供部分所需数据来说明学生的学习进度。应使用各种评估技术来确定学生怎样学习，学到了什么，学习会产生怎样的结果。

虽然评估认知领域的学习时，传统的书面测试成绩更适合，但评估学习的情感和心理领域，最适合使用评价表现（标准）核对表，观察学生的行为动作。然而，今天的许多教师都使用替代性的评估程序来替代传统的纸笔测试。毕竟，学习对于学生来说是最重要的，最有意义的，各个评价领域之间都有着千丝万缕的关联。学习对于学生的意义并不是那么容易像教育目标分类那样进行条块分割。替代性的评估策略包括课题项目、作品选辑、短剧、论文、口头报告和表演测试。评价表现核对表可以为任何策略做准备。

评估学生学习的途径

评估学生的学习成绩有三种途径：(1) 评估学生说了什么及其对课堂讨论贡献的数量和质量；(2) 评估学生做了什么，例如，学生参与学习活动的数量和质量；(3) 评估学生写了什么（或画了什么），例如，学生的作品展览（如作业、课题项目工作、测试试卷）。尽管你会根据自己的情况和个人教学理念决定每个评估途径的权重，但如果你不是依照这三种评估途径各占据三分之一的标准评分的话，你需要准备好充分的理由。

使用每个评估策略时,建议你都根据你预期的学习成果(学习目标)进行评估,并根据这些目标评估学生是否进步。这是标准参照评估。

评估学生的所说和所做

当评估一个学生的所说,你应该:(1)听取学生的口头报告、提问、回答和与其他学生的互动;(2)观察学生的注意力集中情况、课堂活动参与情况、创造性和面对挑战时的反应。请注意我说的是你应该听和观察。当你用耳朵听学生说什么,你也应该观察学生的行为动作。评估学生在课堂上的语言行为和动作行为,你应该:

- 有一本记录(教师的日志)本或文件夹,单独记录每个学生的活动。
- 针对一个特定的活动列出期望的学生行为。
- 检查核对具体的教学目标。
- 尽可能快地记录你的观察,可以用音频或视频录制,一些软件程序可以帮助记录,还可以检查你记忆的准确性。如果这些设备不方便使用,你应该在上学期间或放学后立即撰写你的观察记录,因为它们仍然鲜活地储存在你的记忆里。
- 专业地记录你对学生进步的判断。
- 写下一些评论,以提醒自己,如"与学生讨论观察""与学生的导师讨论意见""与同事讨论观察"。

评估学生的所写或所画

当评估一个学生的所写,你可以使用活页练习题、书面家庭作业和论文、日记、主题写作、作品集和测试等手段。

学生的作业和测试项目应与教学目标（即课程标准）相对应。任何给定的目标都可以通过使用一种以上的方法、一种或多种手段检查。在评估过程中，相比其他测量策略的结果，惯有的主观性会降低你检查的有效性。

对学生的作业提供书面或口头意见，并且这些意见是积极的。而不是只在学生的论文末尾写一个"好"字，请简要说明你为什么觉得"好"。不要简单地说学生所做的是不正确的，而要告诉学生什么是可以接受的，以及如何实现。

先思后写：区分专业教师与非专业教师的标准，就是看其能否超越单纯的行为描述

给学生写评语前请仔细斟酌。年轻人对别人的评价相当敏感，特别是教师对他们的评价。对某些学生来说，你也许是他们高度重视的人，所以务必珍惜，不要辜负他们对你的信任。

在写学生的论文评论之前，一定要深思熟虑，问问你自己：学生（或家长、监护人）对你的评论会怎样解读和反应，这样的解读和反应是不是对你评论的本意的正确解读与反应。

如果你粗心大意、匆忙草率、心不在焉地给学生写评语，会不利于学生的未来发展。你的评价必须是专业的，也就是说，你的评价必须是对学生智力和心理持续发展的有效诊断。这对你的任何评价都适用，无论你是写给学生的论文评语，还是写给学生的永久性学校记录，抑或是送到学生家的一条消息。区分专业教师与非专业教师的标准，就是看其能否超越单纯的行为描述。当你给学生写评语时，学生、家长或监护人、其他教育者都将看到，请牢牢记住这一点。

学生日志和评估

阅读学生日记时,不要去纠正语法和拼写错误,不要写评价性意见,也不要打分。教师的评论和评价可能会阻碍学生的创造性和自由表达。如有疑惑,你可以单独与学生交谈。学生的日记对了解学生的思维过程和写作技能(诊断评估)是非常有用的,但不应该打分。如果要打分,你可以简单地记录学生是否写日记,可以进行数量判断,但不应该进行质量判断。教师要求学生写日记是为鼓励学生写或画,思考他们的所思所想(元认知),并记录他们的创造性思维。鼓励学生写自己的经验,尤其是他们的学习经验。记日记可以让他们锻炼用书面形式表达自己对学习的观点,应该给他们空间,让他们自由地去做这件事。

学生作品档案与评估

审查学生的作品集时,教师可单独与学生讨论他们作品集中呈现的学习进展。就像学生日志一样,作品集不应该被打分,或以任何方式与其他学生的作品集进行比较。其目的是让学生自评,展现学习进度。为了做到这一点,学生应将全部的或重要的作业全都放入作品集中。

评分阶段避免草率

如果你任教高年级,你可能会在一个季度或学期结束前一周结束你的课程,从而防止草率匆忙地阅读学生作业、打分和记录;将成绩转换成季度报告,然后将报告格式转换为可以提交的格式。

报告卡

每个学年伊始,最好在学生第一天到校前(一定不能拖到年底的报告期),你就需要了解你所在校区或学校对学生成绩报告的要求。如果直到年底的报告期才开始学习怎样报告学生的成绩,那么对那些没有计划的教师来说,这无疑是一场噩梦,因为需要制作大量表格并进行资料收集。

学生的学习：
如果学生不按我们教的方式学习，那么我们就必须顺应他们学的方式

这个观点是一些研究者和作家丽塔·邓恩(Rita Dunn, 1995)提出的。学习方式是指学生偏爱接受感官信息的渠道(或输入通道)或学生学得更好的实用学习方式(学习技巧)。有些学生偏爱可视式的学习，被称作视觉型学习方式；另一些学生则喜欢学习别人的指令(通过对话)，可称作听觉型学习方式；而许多人更喜欢学做事情和身体参与学习，被称为动觉型学习方式；通过触摸对象学习的方式，叫作触觉型学习方式。有时学生自主选择的方式并不是该学生更擅长的学习方式。

虽然观察学生可确定他们的主要学习方式，但学习方式也可以是混合的，并且会因经验增加和智力成熟而改变。正如很多人认为的那样，现在已经发现，整合多种学习方式(使用多种感官通道，一次使用多种学习方式)有助于更好地帮助学生取得更好的成绩。

由于许多年轻人既不偏爱听觉接受，也不擅长听觉接受，因此，教师应当减少使用讲述类教学方法，尤其是开讲座的教学方法。此外，只使用单一方法如听觉法(讲座)的教学，会耽误用另一种方式可以学得更好的学生，会影响学生的成绩。例如，教师完全依赖谈话、演讲和讨论的方式教学，日复一日，会给用另一种方式(视觉或动觉)学得更好的学生带来深远的负面影响。

一般情况下，年轻人通过触摸物体、感觉形状和纹理、移动物体、互动的方式可以学得更好，相反，坐着聆听讲课让他们感到很困难。

请阅读以下关于如何在化学课上让学生了解氧气的例子,并将之与传统的讲授法相比较。

> **课堂小插曲**
>
> **学生撰写并演出独幕剧**
>
> 　　在学年之初,马里奥在高中化学课上告诉他的28名学生,如果有兴趣,希望他们可以为学习"氧气"这个单元做准备,计划、编写并演一出约瑟夫·普里斯特利(Joseph Priestley)的生活独幕剧。普里斯特利是一名神学家和科学家,1774年,他发现了被他称为"缺乏燃素的空气",后来被拉瓦锡命名为"氧气"的物质。学生有两个星期的准备时间。该剧将在课堂上表演和录像。学生们热情地接受了马里奥的建议,立即着手实施这个任务,把自己的想法付诸实践。他们充满活力地去看待这个富有挑战性的任务,并且认真去完成,请求马里奥多给他们三天时间做最后的准备。马修这个聪明的学生对戏剧比对科学更感兴趣,被同学选为扮演普里斯特利,也是该剧的监制人。其他学生扮演次要角色。对写作感兴趣的学生写剧本,那些对舞台艺术和舞台设计有兴趣的学生承担脚本任务,还有学生是声乐监督。一个小时的演出,比马里奥和学生们预期的还要成功。校长让学生又加演了两次,一次在全体学生面前,另一次在社区的家长会上。这两次表演都得到了观众起立鼓掌。在社区演出时,演出被当地有线电视录下,并在该社区的有线电视频道又放了几次。马里奥说,通过这些演出,学生们学到的知识比以往任何传统教法都多,在该学年剩下的化学课上,他们都保持着很高的积极性。数年后,马修以优异的成绩毕业于美国加利福尼亚大学伯克利分校,主修戏剧,辅修化学。

风险学生：整合学生的学习方式十分必要

"风险学生"这个术语用来指那些有很大概率不能完成正规的K-12教育的学生。研究人员已经确定有五种因素容易导致年轻人有此风险：个人痛苦（例如药物、吸毒、辍学），学业失败，家庭悲剧，家庭社会经济状况不佳（例如收入低、悲观主义、缺乏教育）和家庭的不稳定性（例如频繁地搬家、分居、离婚）(Tiedt & Tiedt, 1995)。任何时刻，都有许多学生可能面临以上这些风险因素之一。据估计，到2020年，大多数公立学校的学生会有风险(Rossi & Stringfield, 1995)。现在有很多运动呼吁将学校改造为充满关怀、肩负责任、利于学习的环境，学校的唯一目标就是帮助每个孩子在校园和生活中取得成功。

当你准备自己的教学计划时，请记住那些风险，学生需要：(1)更多机动时间；(2)选项和选择权；(3)各种教学资源、教学环境、分组，而不是常规套路和模式；(4)上课时间尽量在上午、下午或晚上，而不要在清晨；(5)舒适的座位，不要是木头、钢或塑料做的椅子；(6)柔和的照明，因为过度明亮的光线会带来压迫感；(7)加强动觉、触觉（如，直接感受、全身的活动）和视觉（视频介绍）资源的互相配合(Duun, 1995)。

建议你使用多种方式整合策略。可以基于项目学习精心设计主题单元，就像"学生撰写并演出独幕剧"那样，整合多种学习方式。总而言之，你教的学生学习能力各异，学习方式各不相同，语言能力各有千秋，文化背景也不尽相同，最成功的教学方式是整合各种学习方法。

学习风格绝非智力指标，而是个体如何学习的表征

与学习方式相关的学习风格，被定义为认知和处理信息的独立

形式。虽然一些年龄较大的儿童能够通过抽象的方式学习(例如视觉或口头的抽象学习,如之前提到过的化学教师,只是给出了一个关于氧气的讲述,板书关于氧气发现的信息),但大多学生要从具体的地方开始学习新的概念(例如,学习怎么去做)。许多学生喜欢小组学习,而另一些学生喜欢单独学习。有些学生做研究速度快,而另一些学生更喜欢缓慢学习,有条不紊,谨慎且细致。一些学生可以持续关注一个主题很长一段时间,在研究中变得越来越专注;另一些人可能起步比较迟缓,追求比较随意,但能够在学科之间轻松转换。有些学生可以在音乐、噪声或移动中学习,而另一些学生需要安静的环境,单独在一张书桌或桌子旁学习。关键点是,学生接受知识的能力不仅因他们的能力和偏好不同而不同,还因他们的大脑处理这些信息的方式不同而不同,后者就是一个人的学习风格。

你要知道,学习风格不是智力的指标,而是个体如何学习的表征。虽然根据前面所说的,每个人都会有自己的学习风格,但戴维·A.科尔布(David A. Kolb)描述了人们学习的两个主要区别:他们如何感知情况以及它们如何处理信息(Kolb,1984)。伯尼斯·麦卡锡(Bernice McCarthy,1997)根据感知和处理信息方式的不同,在卡尔·荣格(Carl Jung)(Jung,1923)的前期工作的基础上,介绍了四种主要的学习风格。

1. 富有想象力的学习者。他们能够感知具体的信息,然后处理。富有想象力的学习者通过聆听和与他人分享学习的经验、想法,可以学得更好。富有想象力的学习者往往难以适应传统的教学方式,因为传统的教学方式缺乏课堂互动、经验分享和新旧知识的连接。传统课堂上,富有想象力的学习者很可能变成一个有风险的学生。

2. 分析型学习者。他们能够感知抽象信息,然后处理。分析型学习者喜欢顺序思维,需要细节,看重专家们提供的信息。分析型学习者在传统的教室里学得很好。

3. 常识型学习者。他们感知抽象的信息,并积极地处理。常识型学习者很务实,享受动手学习的乐趣。他们有时会觉得学校很令人沮丧,学到的知识不能立即运用。在传统的学校里,常识型学习者很可能面临辍学的危险。

4. 动力型学习者。他们能够感知具体的信息,并积极地处理。动力型学习者喜欢动手学习,接触任何新的东西都感到兴奋。动力型学习者喜欢冒险,一旦觉得学习很繁琐,固守成规,他们会很失望。在传统课堂上,动力型学习者也很可能变成风险学生。

学习周期

为了理解概念是怎么发展和变化的,20世纪60年代的研究人员研究出一种基于皮亚杰思想的学习理论,引导学生从具体的实践学习转向抽象的概念和正式应用。这一理论被称为三阶段学习周期(Karplus,1974)。作为科学学科的常用教学策略,学习周期理论也可适用于其他学科(Rule,1995;Sowell,1993)。这三个阶段分别是:(1)探索阶段,学生可以开拓思路,吸收经验,对不理解的地方提出自己的问题并形成初步答案;(2)发明阶段或概念开发阶段,在教师的指导下,学生发明概念和准则,帮助回答自己的问题,重新组织自己的想法(即学生调整自己的想法,以适应新的信息);(3)扩张阶段或概念应用阶段,一个动手阶段,学生将新思路运用于相关的或有意义的情景。在应用过程中,学习者可能会发现新的信息,对概念的理解发生变化。因此,学习的过程可以分为三个周期。

最近,关于三阶段学习周期有新的阐释或调整,如麦卡锡的4MAT。4MAT系统是教师采用周期性的教学策略帮助每个学生找到自己的学习风格。正如麦卡锡(McCarthy,1990)所说的,学习者在学习周期中"感知和感觉,他们经历,然后观看,反思,思考。

他们先提出理论,然后试图证明理论,进行实验。最后,他们反思经验和教训,以便将其应用到他们下一个类似的经历中。他们变得更聪明,将经历变成经验。"在这个过程中,他们很可能会使用四种学习方式。

为了验证建构主义学习理论,即学习是学习者积极参与的过程,学习者要适应教育的活动,将教育融入个人的世界观(即对行为主义教育观,即学习是对学习者做出什么行为提出反对意见)(Delay,1996)和突出学习者自我评价的重要性。最近一些关于学习周期的研究出现一些变化,提出了第四个阶段,评估阶段。我认为,评估学生知道什么或者想什么应该是一个持续的过程,渗透到所有三个阶段的学习周期里,不应该将"评估"作为一个独立的阶段。

学习能力

与学习风格相反,加德纳介绍了他所谓的"学习能力",每个人都有不同的方式表现(Gardner, 1996; *Educational Leadership*, 1997年9月)。最初及现在仍然有时被称作多元智能理论,迄今确定的学习能力有以下几种:

身体运动智能:能够巧妙地利用身体行动处理对象;
人际关系智能:能够理解他人和人们关系的能力;
内省智能:能够评估一个人的情感,了解自己或他人;
逻辑-数学智能:推理能力,能够识别模式和命令;
音乐智能:对音调、旋律、节奏的敏感性;
自然智能:能够利用自然材料和自然环境的特性来解决问题或生产产品;
言语-语言智能:对意义和语句秩序的敏感性;

视觉-空间智能：能够精确地感知世界，操纵空间的性质，如建筑、肢体动作或雕塑。

许多没有完成学业的学生的认知学习方式与传统的教学方法很可能不同步。传统的方法主要是麦卡锡提出的分析型学习方式，知识呈现方式是合乎逻辑的、线性的、连续的，与加德纳三种智能类型有关：言语-语言智能、逻辑-数学智能及内省智能。因此，为了更好地匹配与学习风格相适合的教学方法，一些教师和学校围绕加德纳提出的学习能力调整了课程与教学。请看下面的教学实例。

教学实例
运用学习能力（多元智能）理论进行多级指导

七年级某个班级的学生正在学习关于天气的专题单元（该专题学习周期为六周），他们正集中精力学习有关水的循环。在学生的配合下，教师把全班分成六组，每组有三到五名学生。每个小组都有不同的分工：(1)第一组学生负责设计，反复进行实验，观察可以保持在一个新的1美分硬币一侧上的水滴数目和一个磨损的1美分硬币一侧上的水滴数目；(2)第二组部分学生与第一组学生一起工作，他们负责设计图表，说明第一组的实验结果；(3)第三组学生根据水的循环创作一篇乐章；(4)第四组学生收集必要的材料，将对数学和艺术的兴趣融入设计、创作一个关于水的循环的布告栏；(5)第五组学生阅读他们从互联网和图书馆中查找到的有关水的循环的材料；(6)第六组学生创作关于水的循环的木偶戏。周五的时候，每个小组与全班同学分享他们已完成的项目。

学科知识：
做信息泉眼还是教育中介？

新教师都会担心学生发现自己在专业领域内有不知道的东西。事实上，迟早，你会被学生问住。但是，当这种情况发生时，你可以把它作为一个正常的教学时刻，而不是一个尴尬的时刻。

毫无疑问，你需要熟练掌握你的专业知识。你应该知道这个学科的历史和目前的发展结构、原理、概念和需要学习的技巧知识。这并不意味着你需要知道关于这个学科的一切问题。

不要想当信息的泉眼，而要把自己当作"教育中介"。你只要知道在哪里以及怎么样去发现你所教的内容信息。你可以不知道每个主题，但你应该知道在哪里以及如何去研究它，知道怎么样帮助你的学生进行学科研究。

教学领域外的教学任务

当我知道有些学校的新教师，除了自己教学领域的任务，还有额外任务之后，感到非常惊讶和沮丧。在所有的人中，新教师最不应该做这些事情，除非教师能够从中获得比培训更好的一些能力。我认为新教师的第一年在自己的教学领域内已经够忙了，没有足够的能力去教学领域外挣扎。

现在，随着《不让一个孩子掉队（NCLB）法案》的颁布，领域外的教学任务应该成为一个尽量减少的部分。所以无论你教什么，特别是如果要求你教的全部或部分超出你的专业领域，不要害怕对学生承认你不知道这个问题。但是，当这些不知道的问题出现时，你要和你的学生一起学习。不要只把自己当作一个教育的经纪人,而要当作组织协作学习方面的专家。请看下面的教学实例。

> **教学实例**
>
> **一个不懂物理的高中物理教师**
>
> 　　作为一所农村学校的新教师,亚历克斯教整个科学组的课程。除了教综合科学、生物学、化学,他还负责物理课。在大学时,亚历克斯只学过一年的通用物理。而现在要求他教物理课,只有非常有限的物理知识的他感觉到非常恐慌。
>
> 　　亚历克斯决定,在上课的第一天就告诉学生他的真实物理水平。他不懂多少物理知识,但他知道如何学习科学知识,如何准备实验室的研究,以及如何编写测试问题。他说,他将和学生们一起合作学习物理。
>
> 　　他们确实做到了。在全州的物理测试上,亚历克斯的学生得分在前25%。亚历克斯和上他物理课的学生感到非常自豪。

教学资源和课本：
不够理想，有时甚至是远远不足

事实上，基本教学用品，如纸张很可能不够，在学年结束前早早就用完了。教学用品不足对新教师（甚至有经验的教师），尤其是对那些想让学生手脑并用学习的教师来说，是一个非常现实的共同问题。

教师可以找不同的方案解决教学用品问题，虽然不能永久性地或者完全令人满意，如发布一个愿望清单，并让学生带回家或将它发送到学校的网页上，寻找互联网上的免费资源或找更便宜的替代材料，从家长教师组织或社区机构得到帮助，通过洗车筹集班费，申请和接受资助项目，使用自己的个人资金。与你的同事说说你的教学需要。教师个人从学校管理处获得资源的可能性远不如教师小组大。

这是一个不幸的现实，优秀教师不得不变成一个拾荒者或囤积者，用自己的钱购买教材。对于一些还在偿还大学贷款、拿着微薄工资的新教师而言，这是非常不幸的情况。

你想要什么生日礼物

我承认，由我来说出你的生日愿望是狂妄的行为，但在此，请大家多多包涵。你不妨告诉你的亲戚或重要他人，这一年你希望收到有助于提升你的教学的材料和用品作为生日礼物。最后，你可能要为他们提供一个需要购买物品的来源和价格清单。也许，你需要的不是皮包、精美首饰、新的宝马，你偏爱计算机硬件、软件、打印纸、卡纸、平装书、打孔机、文件柜、文件夹、各类记号笔、各种各样的贴纸、一大包蜡笔，或你的专业课程需要的东西。

学生课本

一般来说，自己有一本最新版本的教科书对学生会有帮助。然而，由于预算有限，并不是所有情况都如此。这本书可能是过时的，数量也可能有限，在后一种情况下，学生可能不会被允许把书带回家，或只能偶尔借阅。甚至在一些学校，按照计划，可能根本没有教科书。然而，在一些课堂里有两套教科书，一套留在教室里使用，另一套被分发给学生在家里使用。这种安排，可以让学生不必携带沉重的书本。不幸的是，全国各地的学校情况差异明显。

无论你属于哪种情况，下列准则适用于将教科书作为一种学习工具。通过之前的描述，一个学期的教科书教学进展并不能证明教学良好。教科书是一种资源，可以帮助学生学习，应鼓励学生使用各种资源。可以鼓励学生寻找其他资源，更新教科书的内容。在某些学科，这点特别重要。比如，科学和社会科学，新信息数量正在迅速增长，而课本可能是几年前的版本。要获得某些科目的最新信息，学生应该去图书馆和互联网查找资源。给学生提供补充阅读材料。通常，学校和社区的图书馆管理员还有某些专家会很高兴与教师合作，提供这样的资源。

要考虑阅读差异化，教科书中的各种个性化作业，还有补充资源（参见下文讨论的多种阅读方法）。为了让教师省力，所有学生读同一本书，完成同样的练习，这是没有任何好处的。有些学生做教科书的配套练习可以练习和巩固所学的知识，但并不是所有学生都如此，也不是所有学生做相同练习都能获益。事实上，传统的练习册现在几乎已经灭绝了，被计算机软件和DVD取代。由于计算机硬件和软件程序的成本对学校来说更加现实，学生使用电脑也变得越来越普遍。计算机及其他互动媒体为学生提供一个安全的心理环境,让他们对学习的进度有更大的控制权。他们可以在必要时重复学习,问问题,而不必担心会像在公开场合下那样尴尬。

为了帮助学生发展更高层次的思维能力和对说明性材料的理解能力,可以用专栏7所示的方法教他们怎样学习。

专栏7 发展更高层次思维能力和理解能力的方法

KQHL:学生提问他们关于某个话题想知道的东西(K,know),列出他们需要/想要回答的问题(Q,questions),他们该如何(H,How)找到答案,然后让他们知道所学的东西(L,Learned)(Long, Drake, & Halychyn, 2004)。

KWL:学生回忆他们关于这个话题已经知道的东西(K,know),确定他们想学什么(W,Want to learn),最后评价他们所学到的东西(L,learned)(Ogle, 1986)。

KWSQ:学生记录他们已经知道关于这个话题的东西(K,know),写下他们想了解该话题的问题(W,What they want to learn about the topic),找寻他们提出的问题的答案(S,search for answers to their questions),并提出进一步研究的问题(Q,questions)。

POSSE:预测(predict)想法,组织(organize)观念,寻找(search)结构,总结(summarize)主要的思路,评估(evaluate)理解情况(Englert & Mariage, 1991)。

PQRST:预习(preview),提问(question),阅读(read),陈述(state)主要思想,并根据你之前提出的问题测试(test)自己(Kelly, 1994)。

QAR:帮助学生理解问题(questions)和答案(answer)之间的关系(Mesmer & Hutchins, 2002)。

> RAP：读段落（read），对段落提问（ask），用自己的语言表达出来（put）（Schumaker，Denton，& Deshler，1984）。
>
> **交换教学**（Reciprocal teaching）：教学生们阅读技巧，训练他们总结、提问、澄清和预测等一系列阅读技巧（Palincsar & Browm，1984）。
>
> SQ3R：浏览（survey）章节内容，对所读章节提出问题（questions），阅读（read），背诵（recite），复习（review）（Robinson，1961）。
>
> SQ4R：浏览（survey）章节内容，对所读章节提出问题（questions），阅读（read）然后回答问题，背诵（recite）问题的答案，记录（record）该章节的重点，最后再整体复习（review）一遍。
>
> SRQ2R：浏览（survey），阅读（read），提问（question），背诵（recite）和复习（review）（Walker，1995）。

鼓励学生对教科书中的错误保持敏感，无论内容还是打印问题，如果他们找出错误，给他们一些奖励，如加分。这有助于培养学生的批判性阅读技能、批判性思维和健康的怀疑态度。

有些教师喜欢采用多样化阅读战略，关于一个主题提供多种阅读材料，而不是单一地采用教科书。对同一个单元，提供各种读物，方便学生选择；提供个性化的教学，可以根据学生的阅读能力和兴趣水平的差异选择材料。教师准备的学习指南，可以指导学生找到特定的信息和概念。

可教时刻：注意识别，
把握机遇，充分利用这个时刻

凯西教八年级的人文课，两小时的课程，涵盖社会知识、阅读、语言艺术。一天，凯西和她的学生们讨论"天定命运论"的话题，一个学生举手问道："我们（美国）不是仍然在增加州的个数吗？"凯西立刻说："没有更多的州可以增加了。"因为迅速作出了反应，凯西错过了一个好的教学时刻，这个时刻学生的思维和反应正好达到教师的期望，学生的所思所想正合教师的意，从而提出聪明的问题。凯西本来可以做些什么？她可以问：夏威夷什么时候成为美国的州？波多黎各为什么没有成为一个州呢？关岛呢？这些可能成为美国的州吗？为什么没有更多的国家或地区加入、成为美国的州？现在的政治和社会影响怎么样？与19世纪有什么不同？在20世纪50年代末，夏威夷是怎样成为美国的一个州的？

请不要刻板地遵守你的课堂安排计划，而不听学生问什么。要学会捕捉和利用可教时刻。

> 最艰巨的智力任务不是解决问题，而是提出问题。我们需要这样的学校，在这里，教师对学生提出的问题和学生对教师给出的答案同样感兴趣。
> ——艾略特·W.艾斯纳（Elliot W. Eisner, 2002）

慎入教师休息室

教书可能是一个让人高度紧张的职业。正因为如此,教师有时需要发泄下自己的不满。他们可能会在休息室这样的地方发泄。为了避免被教师休息室的负面情绪影响,你可以明智地选择远离它。当你听到教师抱怨学生、行政人员、学生父母或同事的谈话时,请赶紧走开,不要参与。让你的周围只有充满正能量的同事,避免八卦者和反对者。

以饱满的热情拥抱整个学校

每一个活动都会影响课堂。随着对活动掌控能力的提高,你对学校全部生活的兴趣会越来越浓厚。在学校的目的是引导学生接受教育,课堂是最主要的渠道,但不是唯一的。每一次委员会会议、学校事件、教师会议、学校董事会会议、办公室工作安排、项目计划以及任何关系到学校的活动,最终目的都是为学生的教育服务。不幸的是,很多人忘记了这个简单的事实。你可以在完成任务时提醒那些忘记这一点的人。

学生活动:除课堂学习活动外,还有很多课外活动

除了上课之外,需要教师帮助的学生活动还有很多,这就是课外活动。一些课外活动可能提供额外的教师志愿者奖金。虽然参与学生课外活动是认识学生、与学生建立良好关系的好方式,但新教师有时会低估教学日常业务所需时间,从而高估可以用来完成额外任务的时间。从教第一年,你要智慧并谨慎地选择自愿承担的额外任务,特别是那些涉及家长、学生旅游或经济负担沉重的活动。例如,教师为学校的国际象棋俱乐部提供指导,可能比监管学校的报纸或网页要求低得多,简单得多。

课堂间的过渡：一个难以掌握的技巧

过渡是指活动或主题转换的时刻。你可能需要一段时间去熟悉并掌握过渡的技巧。规划和一致性对这一技能的掌握很重要。通过精心策划、可靠的时间安排和一致的程序，有效的过渡会自发地发生，不会中断。不过，在课堂上的过渡期突然发生难以控制的问题也是可能的，特别是当学生必须等待一段时间才能进入下一个活动时。在过渡过程中，为了避免出现问题，请思考和规划怎么样消除等待时间。提前规划你的过渡时间，并将规划写入教案。

课程中的过渡有两种类型，有时两类都会用到。一类被称为课程过渡，是教师将一个活动与下一个活动连接起来，使学生了解这两种活动之间的关系时进行的过渡。第二类被称为锚或过渡性活动，这是在部分学生已经完成学习任务，但必须等待别人都完成才能开始时进行的过渡。过渡性（或锚）活动旨在让所有学生进度相同，不给学生无所事事的时间，比如等待。一个常见的例子是，在测试过程中，一些学生完成了测试，而另一些还没有。聪明的教师会策划一个过渡性活动，在测试开始前给出该活动的指示。

在教学规划阶段，你应该计划和排练你和学生在教学时间的每一个举动，提前预见和避免出现课堂控制方面的问题。过渡要提前计划，并让学生清楚过渡程序。在过渡期和等待下一个活动开始时，学生应当参与这些过渡性活动。你可以计划各种与正在研究的主题相关的过渡活动，尽管这个活动可能和下一个活动没有必然联系。根据所教的主题和你学生的年级，过渡性活动可以包括一些有意义的活动，如写日记、工作表记录、写实验报告、学习中心的活动、作品集制作、完成家庭作业、完成项目工作，甚至其他教师布置的作业。

有效地编写教案上的过渡活动,需要首先列一个提纲,将不同的学习活动连续编号,如活动1、活动2、活动3,等等;然后,确定大纲上哪些活动之间会发生转换。确定好每一个过渡环节,下一步或最后一步是如何计划的,写下如何完成过渡环节。例如,如果过渡环节是从全班讨论到小组讨论,那么计划过渡时不仅要写将学生分成小组,还要写清楚如何实现。我强调这点,是因为"如何"过渡是新教师常常严重忽视的地方。另一个例子,如果是从全班讨论过渡到观看视频,那就要具体描述怎么样实现过渡。你要简要地解释一下前面的讨论与视频内容相关的部分,告诉学生在看视频时应该特别注意的地方。

你工作的地方：当为之骄傲

一个单调和无趣的课堂，通常反映了这个教师单调和呆板的性格。在可能的情况下，你应该让你的课堂，你工作的地方，成为一个有吸引力的地方。在教室展示学生的作品，让学生规划和装饰教室。你可以考虑以下一些问题。

你的课堂

- 履行了课堂基本的规则和程序，还是仅仅遵守了一些重要规则？
- 体现了重要的课程标准、得分评鉴指标吗？
- 提供了解决学生问题的有用信息吗？
- 呈现了书面写作的重要信息吗？
- 现在和过去都有学生为自己的行动感到高兴和自豪的照片吗？
- 学生作业的示范样本，包括写作和一些长期项目吗？
- 所有学生和教师的壁画和拼贴让每个学生都很有归属感吗？

你的教室也应该是家长愿意参观的迷人地方。我的意思是，例如，它应该设置给成年人坐的座位。我记得某小学五年级的教室有一个圆形的座椅，放置在靠近房间的出口处。这个座椅旁摆放着可爱的桌布和鲜花，这让教师与来访的父母或其他成年人感到很愉快。关于八年级学生的最近一项研究表明，愉快的香味有利于课堂教学，教师可以减少重复指令的次数(Gabriel, 1999)。你看这是不是值得一试呢？

教学实例

琼让她的课堂气氛有显著改变

琼是一个五年级教师,她有一间独立的教室,教室中的一面墙上都是窗户。她一直拉紧窗帘,为了不让学生因为户外的事情分心。但她听到教师讨论说有研究报告表明,儿童听着柔和的古典音乐,在自然光线下,而不是人工照明的情况下学数学,会学得更好。因此,在学生们学习数学时,她就播放一些柔和的古典音乐,拉开窗帘,尽可能关闭天花板上的灯。她还听说,有些孩子在一天的特定时间擅长学习某些科目。所以现在,每天每个学科的教学时间不一定相同,她建立了一个新的每周学科教学时间表。表中,每天的教学作息时间都不相同。虽然现在说学生的学习有进步还为之尚早,然而琼注意到学生的行为、注意力和学习动机有显著的改善。

校长来听的第一堂课

在你教学第一年大约年中的时候,学校的行政人员,可能是校长,会对你的教学进行一次观摩。这样的课堂观摩之后会有会议、评估以及对你职业发展的建议。作为一名新教师,你无疑会担心这些即将到来的观摩和评价。你只要做好准备,有信心就可以了。

有些时候,行政人员因为忙碌或其他原因,会调整观摩你的课堂的时间。但此通知可能会在最后一分钟给你,在你精神上和身体上都做好了精心和周到的准备之后。新教师会觉得这是非常令人失望的。在我看来,观摩时间一旦确立,除了一些紧急情况,行政人员不应该轻易取消。但不幸的是,行政人员的工作往往承受着巨大的压力,有时会忘记新教师对第一次的观摩评价有多焦虑。

如果你有信心,坚定不移地照本书给你的指导方针和建议去做,评价应该对你非常有利。将观摩访问当作一个契机,显示你的学生很努力,你是一个负责任且富有成效的教师。尽可能地利用好这个机会。在你的整个教学生涯中,成年同事观摩你的工作的机会是极少的。

你的专业档案袋与个人工作记录

不论你任教的学校是否有要求,我强烈建议你保持你的个人工作记录(你可能已经开始做了,也许是因为教师培训,也可能是为了换发新的教师证)。你的专业档案袋在你的大部分职业生涯中对你会有用,还可能会用在某些你还没想到的方面。

你的工作记录,不仅是你现在的个人乐趣记录,也是你几年以后的个人乐趣记录。这些最经常发生在教师身上的小事,能使教学工作大大受益。

我无法告诉你应当把什么放进你的个人档案袋里,或你如何维护它最好,但我劝你按照所在区或州的具体指示和要求来做。你可能会发现后文推荐的读物中列出了有关方面的资源。

后　　记

教学被称为"仁慈的行为",是一种表演艺术,是一门道德工艺,是一门科学。的确,良好的教学不仅是一门艺术,还是一门科学。能够解决新手教师在任何情况下遇到的任何问题的魔法袋,并不存在。你是教师,不是厨师。自即刻开始,贯穿整个职业生涯,你会不断尝试自己的想法,借鉴并修正别人的想法。你会继续发现,在面对学生及各种挑战时,什么才是最适合自己的做法。

作为一名教师,你是学习者中的学习者。你会继续这一自我发现的旅程:从学生到师范生,从新教师到富有经验的教师。从教第一年,你所做出的转换,是职业生涯的重要开端。在此期间,你将形成一个永久的反思和学习模式。在这一年,正如我在"前言"中说的,你不应该指望自己立即就一切尽在掌握。相反,应该树立一些现实的和可以实现的目标,然后努力去实现这些目标,定期反思自己做了什么,做得如何,持续地进行自我评价。不断体验和学习,渐渐地,你终将会被你的学生、学生家长和同事认可,成长为一名合格的教师。

我很感激、感恩我生活中的所有人,无论他们出现在当下还是曾经。感谢那些在我开始教师职业生涯之后与我互动、带给我感动的所有人。教师是最有价值的职业。我衷心地希望你可以拥有这样一个持久而有奖赏性的职业。

理查德·D.克罗夫

参考文献与推荐阅读材料

Allen, R. (2003). An early taste of college: Accelerated learning with support motivates urban students. *Education Update, 45,* 1, 3, & 8.

Anguiano, P. (2001). A first-year teacher's plan to reduce misbehavior in the classroom. *Teaching Exceptional Children, 33*(3), 52-55.

Beck, C. R. (2001). Matching teaching strategies to learning style preferences. *Teacher Educator 37*(1), 1-15.

Beck, R. J., Livne, N. L., & Bear, S. L. (2005). Teachers' self-assessment of formative and summative electronic portfolios on professional development. *European Journal of Teacher Education, 28,* 221-224.

Bobeck, B. L. (2002). Teacher resiliency: A key to career longevity. *Clearing House, 75,* 202-205.

Bolland, J. M. (2003). Hopelessness and risk behaviour among adolescents living in high-poverty inner-city neighbourhoods." *Journal of Adolescence, 26,* 145-158.

Brighton, C. M. (2002). Straddling the fence: Implementing best practices in an age of accountability. *Gifted Child Today Magazine, 25*(3), 30-33.

Bromfield, R. (2003). *Handle with care: Understanding children and teachers.* New York: Teachers College Press.

Brookhart, S. M. (2004). *Grading.* Upper Saddle River, NJ: Merrill Prentice Hall.

Burmark, L., & Fournier, L. (2003). *Enlighten up! An educator's guide to stress-free living.* Alexandria, VA: Association for Supervision and Curriculum Development.

Conn, K. (2002). *The Internet and the law: What educators need to know.* Alexandria, VA: Association for Supervision and Curriculum Development.

Conway, C., Hansen, E, Schulz, A., Stimson, J., & Wozniak-Reese, J. (2004). Becoming a teacher: Stories of the first few years." *Music Educators Journal, 91*(1), 45.

Cookson, P. W., Jr. (2005a). The challenge of isolation. Professional development— Your first year. *Teaching Pre K-8, 36*(2), 14 & 16.

Cookson, P. W., Jr. (2005b). Your first year: A teacher's journey. *Teaching Pre K-8, 35*(8), 12-13.

Costa, A. L. (1991). *The school as a home for the mind.* Palatine, IL: Skylight Publishing.

DeLay, R. (1996). Forming knowledge: Constructivist learning and experiential education. *Journal of Experiential Education, 19*(2), 76-81.

Dobbs, C. L. (2002). New teacher nerves. *Journal of Adolescent & Adult Literacy, 45,* 540-542.

Dunn, R. (1995). *Strategies for educating diverse learners.* Fastback 384. Bloomington, IN: Phi Delta Kappa Educational Foundation.

Educational Leadership theme issue. (1997). Teaching for multiple intelligences, *55(1).*

Eisner, E. W. (2002). The kind of schools we need. *Phi Delta Kappan, 84,* 579.

Englert, C. S., & Mariage, T. V. (1991). Making students partners in the comprehension process: Organizing the reading "POSSE." *Learning Disability Quarterly, 14*(1), 123-138.

Ertmer, P. A., Hruskocy, C., & Woods, D. M. (2003). *Education on the Internet: The worldwide classroom: Access to people, resources, and curriculum connections.* Upper Saddle River, NJ: Merrill Prentice Hall.

Feiman-Nemser, S. (2003). What new teachers need to learn. *Educational Leadership, 60*(8), 25-29.

Fitzgerald, J., & Graves, M. F. (2005). Reading supports for all. *Educational Leadership, 62*(4), 68-71.

Foster, A. S. (2003). Let the dogs out: Using bobble head toys to explore force and motion. *Science Scope, 26*(7), 16-19.

Frost, R., Olson, E., & Valiquette, L. (2000). The wolf pack: Power shared and power earned—building a middle school nation. *Middle School Journal, 31*(5), 30-36.

Gabriel, A. E. (1999) Brain-based learning: The scent of the trail." *Clearing House, 72,* 288-290.

Gardner, H. (1996). Multiple intelligences: Myths and messages. *International Schools Journal,* 15(2): 8-22.

Georgiady, N. P., & Romano, L. G. (2002). *Positive parent-teacher conferences.* Fastback 491. Bloomington, IN: Phi Delta Kappa Educational Foundation.

Good, T. L., & Brophy, J. E. (2003). *Looking in classrooms,* 9th ed. New York: Addison Wesley Longman.

Goodnough, K. (2000). Humble advice for new science teachers. *Science Scope,* 23(6): 20-24.

Heath, M. (2005). Are you ready to go digital?: The pros and cons of electronic portfolio development. *Library Media Connection, 23*(7):66.

Hinton-Johnson, K. (2002). In the process of becoming multicultural: Reflections of a first-year teacher. *New Advocate, 15,* 309-313.

Horton, M. L. (2004). Digital portfolios in physical education teacher preparation. *Journal of Physical Education Recreation and Dance, 75*(9), 35.

Hunt, T. J., & Hunt, B. (2003). Contradictions and Confidence: Reflections on being the new experts. *English Journal, 93*(1), 92-95.

Jarolimek, J., Foster, C. D. Sr., & Kellough, R. D. (2005). *Teaching and learning in the elementary school.* 8th ed. Upper Saddle River, NJ: Merrill Prentice Hall.

Jung, C. G. (1923). *Psychological types.* New York: Harcourt Brace.

Karplus, R. (1974). *Science curriculum improvement study.* Teacher's Handbook. Berkeley: University of California.

Kellough, R. D. (1970). The humanistic approach: An experiment in the teaching of biology to slow learners in high school—an experiment in classroom experimentation. *Science Education, 54,* 253-262.

Kellough, R. D. (2007). *A resource guide for teaching K-12.* 5th ed. Upper Saddle River, NJ: Merrill Prentice Hall.

Kellough, R. D., & Carjuzaa, J. (2006).*Teaching in the middle and secondary schools.* 8th ed. Upper Saddle River, NJ: Merrill Prentice Hall.

Kellough, R. D., & Kellough, N. G. (2007). *Secondary school teaching: A guide to methods and resources.* 3d ed. Upper Saddle River, NJ: Merrill Prentice Hall.

Kellough, R. D., & Kellough, N. G. (2008). *Teaching young adolescents: A guide to methods and resources.* 5th ed. Upper Saddle River, NJ: Merrill Prentice Hall.

Kellough, R. D., et al. (1996). *Integrating language arts and social studies for intermediate and middle school students.* Upper Saddle River, NJ: Merrill Prentice Hall.

Kellough, R. D., et al. (1996). *Integrating mathematics and science for intermediate and middle school students.* Upper Saddle River, NJ: Merrill Prentice Hall.

Kellough, R. D., et al. (1996). *Integrating mathematics and science for kindergarten and primary children.* Upper Saddle River, NJ: Merrill Prentice Hall.

Kelly, E. B. (1994). *Memory enhancement for educators.* Bloomington, IN: Fastback 365, Phi Delta Kappa Educational Foundation.

Klenowski, V., Askew, S., & Carnell, E. (2006). Portfolios for learning, assessment, and professional development in higher education. *Assessment & Evaluation in Higher Education, 31,* 267-286.

Kolb, D. A. (1984). *Experiential learning: Experience as a source of learning and development.* Upper Saddle River, NJ: Prentice Hall.

Kwame-Ross, T. (2003). In just a minute: Teaching students the skills of waiting. *Responsive Classroom, 15,* 1, 4-5.

Lemkuhl, M. (2002). Pen-pal letters: The cross-curricular experience. *Reading Teacher, 55,* 720-722.

Lindbolm, K. & Bush, J. (2005). Teaching English in the world. *English Journal,* 95(2), 105.

Long, D., Drake, K., & Halychyn, D. (2004). Go on a science quest. *Science & Children, 42*(2), 40-45.

Lovingood, K. (2004). National certification: One teachers' experience. *Music Educators Journal, 91*(2), 19.

MacBain, D. E. (1996). *Intergenerational education programs.* Fastback 402. Bloomington, IN: Phi Delta Kappa Educational Foundation.

Marzano, R. J. (2003). *Classroom management that works: Research-based strategies for every teacher.* Alexandria, VA: Association for Supervision and Curriculum Development.

May, H. (June 11, 2001). High, lows mark teacher's first year. *The Salt Lake Tribune.*

McCarthy, B. & McCarthy, D. (2006). *Teaching around the 4MAT cycle.* Thousand Oaks, CA: Corwin Press.

McCarthy, B. (1990). Using the 4MAT system to bring learning styles to schools. *Educational Leadership, 48*(2), 33.

McCarthy, B. (1997). A tale of four learners: 4MAT's learning styles. *Educational Leadership, 54*(6), 47-51.

McCarty, P., Ostrem, J., & Young, P. (2004). Saving teachers' voices. *Principal, 82*(2), 56-57.

McCarty, P., Ostrem, J., & Young, P. (2004). Saving teachers' voices. *Principal, 82*(2), 56-57.

Mesmer, H. A. E., & Hutchins. E. J. (2002). Using QARs with charts and graphs. *Reading Teacher, 56,*(1), 21-27.

Meyer, L. (Autumn 2000). Barriers to meaningful instruction for English learners. *Theory into Practice,* 228-236.

Miller, P. C., & Endo, H. (2004). Understanding and meeting the needs of ESL students. *Phi Delta Kappan 85,* 786-791.

Ness, M. (2001). Lessons of a first-year teacher. *Phi Delta Kappan, 82*, 700-701.
Normore, A. H., & Floyd, A. (2005). A roller coaster ride: The twists and turns of a novice teacher's relationship with her principal. *Phi Delta Kappan, 86*, 767-771.
Ogle, D. M. (1986). K-W-L: A teaching model that develops active reading of expository text. *Reading Teacher, 39*, 564-570.
Palincsar, A. S., & Brown, A. L. (1984). Reciprocal teaching of comprehension-fostering and comprehension-monitoring activities. *Cognition and Instruction, 1*, 117-175.
Pardini, P. (2002). Stitching new teachers into the school's fabric. *Journal of Staff Development, 23*(3), 23-26.
Pauly, E. (2002-2003). No one told me about May. *Journal of Adolescent & Adult Literacy, 46*, 284-287.
Pope, S. (2002). Journal reflections of a first-year teacher. *Learning Languages, 7*(2), 8-10.
Rathjen, D. (2001). Change is a constant. *Primary Voices K-6* 9(3), 22-30.
Reese. S. (2004). Teacher portfolios: Displaying the art of teaching. *Techniques: Connecting Education and Careers, 79*(5), 18-21.
Reiss, J. (2001). *ESOL strategies for teaching content: Facilitating instruction for English language learners.* Upper Saddle River, NJ: Merrill Prentice Hall.
Roberts, P. L., & Kellough, R. D. (2008). *A guide for developing an interdisciplinary thematic unit.* 4th ed. Upper Saddle River, NJ: Merrill Prentice Hall.
Roberts, P. L., Kellough, R. D., & Moore, K. (2006). *A resource guide for elementary school teaching: Planning for competence.* 6th ed. Upper Saddle River, NJ: Merrill Prentice Hall.
Robinson, F. P. (1961). *Effective study* (rev. ed.). New York: Harper & Brothers.
Rossi, R. J., & Stringfield, S. C. (1995). What we must do for students placed at risk. *Phi Delta Kappan, 77*, 73-76.
Rule, A. C. (1995). *Using the learning cycle to teach acronyms, a language arts lesson.* ED383000.
Schlichte, J,, Yssel, N., & Merbler, J. (2005). Pathways to burnout: Case studies in teacher isolation and alienation. *Preventing School Failure, 50*, 35.
Schroeder-Arce, R. (2002). Walking on ice: Facing cultural and lingual challenges as an 'other'. *Stage of the Art,* 14(3), 22-24.
Schumaker, J. B., Denton, P. H., & Deshler, D. D. (1984). *The paraphrasing strategy.* Lawrence, KS: Edge Enterprises.
Shreve, J. (2005). *Let the games begin. Video games, once confiscated in class, are now a key teaching tool. If they're done right.* San Rafael, CA: George Lucas Educational Foundation.
Smoll, T. L. (2004). Fabulous first graders: Confessions of a first-year teacher. *School Arts: The Art Education Magazine for Teachers, 103*(10), 50.
Smyth, T. S. (2005). Respect, reciprocity, and reflection in the classroom. Gateways to experience. *Kappa Delta Pi, 42*(1), 38-41.
Sowell, J. E. (1993). Approach to art history in the classroom. *Art Education, 46*(2), 19-24.
Stein, S. (2001). The tractor and the taxi: Rural and urban students build a new vehicle for friendship in an Internet mural project. *Teaching Tolerance, 19,* 30-33.

Thompson, J. G. (2003). *The first-year teacher's survival kit.* Bloomington, IN: Phi Delta Kappa International.

Tiedt, P. I., & I. M. Tiedt. (1995). *Multicultural teaching: A handbook of activities, information, and resources.* 4th ed. Boston: Allyn & Bacon.

Victor, E., & Kellough, R. D. (2004). *Science K-8: An integrated approach.* 10th ed. Upper Saddle River, NJ: Merrill Prentice Hall.

Walker, M. L. (1995). Help for the 'fourth-grade slump'—SRQ2R plus instruction in text structure or main idea." *Reading Horizons, 36*(1), 38-58.

Walling, D. R. (1993). *English as a second language: 25 questions and answers.* Fastback 347. Bloomington, IN: Phi Delta Kappa Educational Foundation.

Weasmer, J. (2002). A gift of time: Career history of a late-entry teacher. *Clearing House 75*, 218-221.

Weber, E. (2005). *MI Strategies in the Classroom and Beyond.* Boston: Pearson Allyn & Bacon.

Wilcox, E. (2003). A mid-career teacher's juggling act. *Teaching Music, 10*(4), 28-33.

Wood, J. M. (2000). Innovative teachers hindered by the 'green-eyed monster'. *Harvard Education Letter, 16*(4), 8 & 7.

Worthy, J. (2005). It didn't have to be so hard: The first years of teaching in an urban school. *International Journal of Qualitative Studies in Education, 18*, 379-398.

图书在版编目(CIP)数据

教学第一年生存指南：第五版／(美)理查德·D.
克罗夫著；许立新，贡琪译.—上海：上海教育出版
社，2018.11
（教师成长必读系列／刘春琼,刘建主编）
ISBN 978-7-5444-6732-2

Ⅰ.①教… Ⅱ.①理… ②许… ③贡… Ⅲ.①教师教
育 Ⅳ.①G451.2

中国版本图书馆 CIP 数据核字(2018)第 254576 号

Authorized translation from the English language edition, entitled What Every Teacher Should Know About Your First Year of Teaching: Guideline for Success, 5E, 9780137149438 by Kellough, Richard D., published by Pearson Education, Inc., Copyright © 2009 by Pearson Education Inc. 本书英文原版的翻译获得 Pearson Education, Inc.的授权。

All rights reserved. No part of this book may be reproduced or transmitted in any form or by any means, electronic or mechanical, including photocopying, recording or by any information storage retrieval system, without permission from Pearson Education, Inc. 版权所有，盗印必究。未经 Pearson Education, Inc.许可，不得以任何方式复制或传播本书的任何部分。

CHINESE SIMPLIFIED language edition published by PEARSON EDUCATION INC., and SHANGHAI EDUCATIONAL PUBLISHING HOUSE CO., LTD, Copyright © 2018. 本书中文简体字版由 PEARSON EDUCATION INC. 和上海教育出版社有限公司出版。

本书封面贴有 Pearson Education(培生教育出版集团)激光防伪标签。无标签者不得销售。

上海市版权局著作权合同登记号　图字 09-2011-582 号

责任编辑　廖承琳
封面设计　郑　艺

教师成长必读系列

教学第一年生存指南(第五版)
[美] 理查德·D.克罗夫　著
许立新　贡　琪　译
许立新　校

出版发行　上海教育出版社有限公司
官　　网　www.seph.com.cn
地　　址　上海永福路 123 号
邮　　编　200031
印　　刷　上海展强印刷有限公司
开　　本　635×965　1/16　印张 10.25　插页 1
字　　数　125 千字
版　　次　2018 年 11 月第 1 版
印　　次　2018 年 11 月第 1 次印刷
书　　号　ISBN 978-7-5444-6732-2/G·5548
定　　价　36.00 元

如发现质量问题，读者可向本社调换　　电话：021-64377165